# 媽媽是最好 的 作文老師

曾玟蕙◎著

陪孩子自學作文，
滋養孩子的寫作能力

TiPS
以愛陪伴
和孩子玩互動遊戲
看引導學習的建議
使用小錦囊

作者序

# 媽媽的陪伴，滋養孩子的寫作能力！

　　我是個作文老師，卻是成為「全職媽媽」後才感悟——期待孩子學好作文，若只依賴老師的引導，肯定是下下策！

　　那天，載兒子上學後，在回家的路上停車等紅燈，學齡前在家自學的女兒背靠著媽媽愉快地哼歌，我一轉頭，眼神對上一雙年輕的眸子。那大男孩開朗笑說：「作文老師，你女兒都這麼大了！」

　　「是啊，你要送貨啦！」

　　「對，我要去送貨了。」

　　簡單對話，綠燈亮起後互相道別，在同一個點上畫出兩條奔馳的線。距離上一次男孩坐在教室，而我盯著他寫作文，已經是超過十年的事了。

　　偶遇長大後的男孩當下，我的腦海浮現許多認識或不認識的媽媽，以及她們常常問起的句子：「我孩子要怎麼學作文啊？」「他很聰明啊！就是不愛寫，怎麼辦啊？」「他書看得很多耶！怎麼作文還是寫不出來？」「他不愛閱讀，但是作文很重要，補習有沒有辦法讓他作文變好？」

　　冷颼颼的早晨，男孩爽朗的聲音讓我獨自走回往日的時光，那孩子不能專心上課、不喜歡寫字，卻總是在上作文課時，閃

著慧黠的眼說出奇特的想像。

　　如果能夠搭乘時光機回到過去，我希望能為那孩子留下更多關於寫作的美好回憶！我知道，即便他當年不補習作文，也可以像現在一樣陽光和自立，但我想，幸好他補了作文，讓我知道更多關於孩子的、可以早些明瞭的答案。

　　當一個媽媽和老師，我總必須踩著心裡的煞車，期許孩子將來擁有自在，並且在回首過往時發現寶藏。當大人的我，自知不能以自己的認知去追趕孩子；孩子的邏輯和大人不同，創意往往就在其中。大人必須站在孩子的高度去理解，才能擺脫既定的框架，也才能夠發現孩子眼中的驚喜與感動。

　　當我以母親的身分彎下身子，也更深信，教育的初衷並非將孩子捏塑成什麼標準！唯有尊重孩子的秉性，孩子的獨特被肯定了，創造力也才能被激發，這也才是教育的目標。我們常聽到，師長應該教給孩子「帶得走的能力」。能力，是在生活中點滴養成的，不是為了追求成績而強求的。因為是母親，所以我同理著身為母親的困擾，於是我思索，怎麼將我陪伴孩子醞釀寫作養分的點滴，分享給更多的媽媽。

　　期待媽媽們可以翻開這本書，發現陪孩子自學作文是容易、可行的。也希望媽媽們了解：如果，孩子腦袋裡的思想和眼睛所看到的文字，無法建立有效的連結，如果，孩子的內心實在沒有任何感動，大人卻期待孩子寫作，這就像強迫一個不愛煮菜也不會煮菜的媽媽下廚，如此，不論端出什麼湯品、蒸物、炒食，每道菜都欠缺情感和用心，品嘗的人也味同嚼蠟啊！

　　有興趣才能引發自動，孩子學習作文也一樣。

　　所以，期待孩子會寫作，並且樂意寫作，必須先滋養孩子的寫作能力，讓孩子的情感和文字產生連結，也要讓孩子在寫作過程中，獲得成就感。而媽媽就是其中的推手。

　　能夠自主學習才是贏家的時代來臨了，唯有培養孩子的自學能力，孩子才能學得愉悅又專精。希望從這本書開始，媽媽與孩子不只尋得文字的敏感度，也開啟了自學的動力。

　　學作文，並不是一朝一夕可以收穫的事。媽媽陪著孩子從玩中學，過程中，不只引導孩子說想法，也延伸創意，不只鼓勵孩子表現情思，亦珍藏回憶……點點滴滴的進行，看似沒什麼，卻能帶給孩子樂趣，也讓媽媽獲得感動，而後媽媽和孩子都將感受到──

　　自學作文，真的、真的好容易啊！

# Contents

陪孩子自學作文
滋養孩子的寫作能力

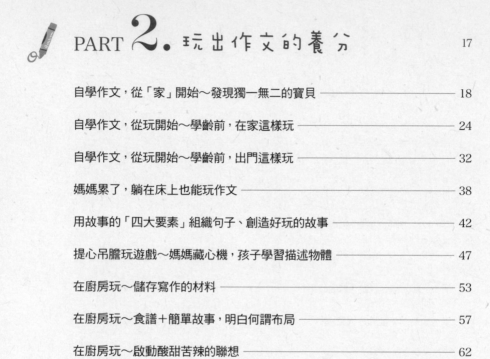

# PART 2. 玩出作文的養分

17

# Contents

陪孩子自學作文
滋養孩子的寫作能力

PART 4. 有行動，閱讀加旅行，養分飽滿好寫作

## PART 1

媽媽們，
你感到疑惑嗎？

想陪孩子自學作文的媽媽，
你是不是也有這些疑惑？

## 作文，什麼時候開始學？

當然越小越好。且，隨時都是開始的好時機。

媽媽必須了解，學作文並不是從「寫」開始！孩子必須「聽」得精準，才能發揮語言的敏感度，要「說」得流暢，才能表現思想的獨特，要能「讀」得廣而深，才能擁有寫作內容，要「寫」得有感覺，也才願意持續地寫。因此，從幼兒開始，媽媽就可以**透過互動**，為孩子播撒寫作的養分了。

## 我的孩子看了很多書，
## 為什麼作文還是寫不好？

真是普遍的誤會啊！

如果還存有這樣的困惑，請媽媽立刻更新想法吧！很多事，別聽大家都怎麼說，於是跟著以為應該怎樣。呃！說來話長……看了很多書，並不會造成作文一定好的結果。為什麼呢？

請參閱內文。

## 我的孩子不會寫作文，怎麼辦？

別急，別急，媽媽下決心陪孩子自學，開始就是進步啦！

孩子不會寫作的原因很多。

有些孩子的個性保守，不敢貿然下筆。媽媽必須時常陪孩子說話，讓孩子釐清自己的想法，鼓勵孩子大膽地寫下感受，慢慢建立自信之後，就能夠克服「想很久，又寫得慢」的問題了。

有些孩子很會說，想法也不少，但缺乏有條理的練習。媽媽可以引導孩子，先將一件事說清楚，再說另一件事，告訴孩子，寫作只是將他的想法做過整理再寫下來，有練習就會進步。

有些孩子因為閱讀量不夠，或生活的體驗不足，所以缺少「想法」。媽媽可以先了解孩子的興趣和喜好，陪他進行探索或遊戲，多行動才能打開視野，也才能激盪出想法。

媽媽用愛心、耐心和恆心陪伴孩子，每天和孩子說說話、聊聊天。即使一天只有五分鐘，若能敞開孩子的心房，親子說說笑笑，成果將勝過孩子在作文補習班枯坐兩小時。

## 孩子寫作文不會開頭，怎麼辦？

作文不會開頭，就先練習開頭吧！

針對一個事件，讓孩子練習說事件的開始就好。什麼開始？也就是事件發生的原因，從一句話開始練習，進步總在細微之處。

## 該不該去補習作文？怎麼補？去哪裡補？

能不補習最好！相信自己，有耐心，媽媽就是最好的作文老師。

如果不得不補習，請進一步了解師資和教材。

老師的教學方式能提升孩子的興趣，是首要之選。但是，一個作文老師不該只是帶孩子玩玩遊戲，或教孩子寫出作文就夠了。

有愛心、能包容孩子的個別性，是作文老師的必要特質。此外，專業來自哪裡？過往的學經歷與持續精進，都能讓老師展現熱情和堅定。最後，了解一下，教孩子寫作文的老師，自己是否喜愛寫作呢？

如果老師只教孩子在紙上談兵，自己卻不愛寫！補習的結果也只是，孩子遇到作文功課時不再需要家長幫忙，將來升學考試時也多了些把握。而這些成果是，爸爸、媽媽犧牲跟孩子共處的機會所換來的。如此寶貴的犧牲，該換回更難得的收穫才是啊！

送孩子去補習作文，應該是讓孩子擁有寫作自信和能力，逐漸成為一個快樂的創作者。大多數的媽媽因為欠缺信心，只能把孩子送去補習班，希望孩子在專業的引導下，作文能獲得高分，卻不知道，**補習可以教孩子寫作技巧，卻無法教給孩子感動和寫作的動力**。

如果一定要補作文，請先找到合適的老師，教材也就可以信任老師了。

## 孩子的作文總是欠缺有趣的內容，是他沒有寫作的天分嗎？

不不不！

孩子未曾接受過滋養，就要他長得高又壯，那太不公平了。假如確實花錢、花時間在這項學習上投資了，孩子的表現還是不如預期，那就是給予養分的方法和過程要檢討。

## 將來升學要考作文，孩子作文沒把握！該怎麼鼓勵孩子？

先把考試放一邊。孩子感興趣，學習才能主動。

升學考試固然重要，但「趕鴨子上架」不只孩子抗拒，媽媽也焦慮！作文雖然會影響升學，但不是絕對的影響。

心理學家證實：愉快的心情可以提高學習成效。孩子作文沒把握，請媽媽先陪他找原因，不必執著在分數；帶孩子在生活中玩體驗，也進行主動探索的遊戲，孩子才能放鬆心情去學習。

任何事想要有把握，第一步也只是學著做做看。在孩子說出：「我不會。」時，讓孩子練習改說：「我試試看。」這樣，就會進步囉！

## 孩子掌握不了寫作技巧！應該怎麼做？

說技巧太嚴肅了，從生活引導孩子學寫作才會容易。

如果孩子掌握不了技巧，就別管技巧了！一篇文章被完成後，讀者或評審會從內容、結構、修辭這些重點來感受、評斷文章帶給人的收穫，或表現主題的成果。修辭工夫和結構掌握可以惡補加強，內容卻往往來自個人的生活經驗和生活情懷。用心感受生活的愉快，啟動孩子的觀察能力，引導孩子發揮想像，孩子的腦海就能儲存獨一無二的寫作內容。所以，既然孩子不懂技巧，就別管技巧了！

先讓孩子擁有快樂的靈魂，鼓勵孩子參與體驗，最重要的是，別讓孩子排斥作文。

帶孩子玩，陪他說話，跟他一起閱讀，如此就已經在進行創作的路上了。

## 媽媽的作文能力有限，能教孩子嗎？

用心陪伴是萬靈丹。

媽媽可以陪孩子發現生活的感動，可以啟發孩子思考，可以陪著尋找寫作的題材，這些都是學習寫作的必經之路，透過這些過程，孩子有感動、會思考、能尋找，自然也會插上想像的翅膀，歡喜地飛向他獨一無二的創意天地了。

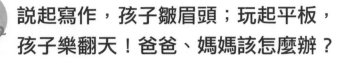

## 説起寫作，孩子皺眉頭；玩起平板，孩子樂翻天！爸爸、媽媽該怎麼辦？

親子一起動手做，親子一起跨步走。延遲給3Ｃ產品的時間點，孩子才能靜心學習思考。如果孩子已經迷上3Ｃ產品了，請設法帶孩子出走，讓孩子重拾生活的感受力吧！

當電腦、手機成為生活的必備品，我們接受趨勢的同時，也要深思：期待孩子擁有寫作能力，盼望孩子熱愛閱讀，又怎麼能夠讓孩子隨波逐流呢？

閱讀能力的養成刻不容緩，設法讓孩子成為愛書人以後，再讓孩子手握平板與世界接軌都不遲。

## 為什麼要孩子學習寫作？

會寫作的孩子富感情。會寫作的孩子懂抒發。
會寫作的孩子有組織。會寫作的孩子能企畫。
會寫作的孩子好邏輯。會寫作的孩子獲肯定。

會寫作的孩子，在學習路上和將來職場上，一定占優勢。
但是，孩子會寫作之前，必須先成為會思考的人。

媽媽陪孩子自學作文不是教孩子紙上談兵，是引導孩子說出心中真切的情感與想法，並且言之有理、言之有物。情感來自生活的感觸，想法來自日常的激盪，道理和內容來自閱讀之後的釐清與延伸，然後才能有所組織與邏輯，並展現個人的生命厚度與視野寬度。看似不易，其實也只是在一個有愛和安定的環境中，慢慢醞釀滋養而成的。

## 學校教不教孩子作文啊？

自學，是唯一有保障的學習之路。

學校不應該是教育的主導，家庭和孩子個人才是！如果我們過於依賴學校，將也習慣處於被動，被動等著學校教會孩子什麼，卻又往往失望發現：怎麼孩子挫折著？而媽媽也無所適從了！

學校是一個方便孩子學習的地點，若父母過度依賴和放心，學校就會變成一個框架，框得大部分的孩子都被期待長成差不多的模樣。在配合學校進行系統性學習的過程，父母必須有所覺醒——

家庭才是孩子學習路上的支柱。

老師不會全然不教作文，但我們要先認清，在孩子的受教過程中，父母有著誰都不可取代的責任。父母最清楚孩子的需要和特質，這已經不是一個惟有讀書高的時代了，孩子需要學會的不是答題的標準度，我們也不該要求老師什麼都教孩子，而是要親自引導著孩子。當孩子會思考，懂得解決問題，並且可以主動學習，自然也能把他的能力表現在作文裡了，這也才是未來社會需要的人才。

請相信：父母的陪伴與支援，絕對有助於孩子的學習發展。

 PART 2 玩出作文的養分

# 自學作文，從「家」開始～
## 發現獨一無二的寶貝

有個小男孩名叫星同。如果你問他，他的名字怎麼寫？他會回答：「和天上的星星相同。」在媽媽心裡，他就像天上的星星一樣閃亮。

小男孩兩歲以後的心願是希望媽媽生一個妹妹。他說妹妹可以綁頭髮，他只想要妹妹，可不要弟弟！

有個小女孩名叫星澄，在爸爸眼中，她是世上最澄亮的珍寶。女孩原本是一顆小星星，掛在天邊一閃一閃發出澄澈的光芒，有一天，她聽到所有的星星都歡喜地嚷著：「選我！選我！」

哇！原來是個小男孩，要找一顆可愛的星星當妹妹。小男孩在地上咧嘴笑了，天邊的澄澈小星星想起了他，在很久以前，他也是一顆星星。星星男孩離開夜空前說過，他將回來帶她走。

於是，兩顆天上的星星在人間相聚了，她成為他的妹妹。

每當我仰望星空，總忍不住微笑……因為家裡有兩顆小星星。

名字是父母送給孩子的第一個文學之禮。每個文字都有其故事，即使媽媽不是文字學專家，也能陪孩子查查字的形、音、

義，可以跟孩子解說他名字的由來，甚至以家人的關係編孩子喜歡的故事，這些故事將讓孩子更深愛他的家人，也是早期的作文啟蒙喔！

# 媽媽可以這樣做

**目 的** 從名字說起，讓孩子發現獨一無二的自己。了解自己，並擁有愛的孩子，將擁有一顆開朗且樂於分享的心。

| | |
|---|---|
| **告訴孩子，關於他名字的由來** | 就算是花錢請算命先生取的，也是父母滿意的選擇。爸爸、媽媽為什麼喜歡這個名字？ |
| **告訴孩子，他是媽媽的寶貝** | 讓孩子知道，媽媽喜歡他不是因為他比誰優秀，只因為他就是他。 |
| **請孩子說一說，他對家人的感情** | 例如：「我很喜歡哥哥，我很高興有哥哥每天陪我玩。」並且，具體的告訴孩子，他曾經做了哪些事，讓媽媽覺得很幸福。 |
| **告訴孩子，每個人都有優、缺點** | 請孩子想一想，他有哪些優點和缺點？和孩子討論，如何改掉缺點？缺點可以變成長處嗎？ |

# 給媽媽的小錦囊

☆媽媽是最了解孩子的人，希望孩子說出想法和情感，
　媽媽必須先扮演分享者和鼓勵者的角色。

☆和孩子共讀繪本：

《我是獨特的》，作者：森繪都／繪者：杉山佳奈代
／譯者：周姚萍／出版社：小魯文化。

《爸爸專賣店》，作者：Sanne Miltenburg／繪者：
Sanne Miltenburg／譯者：張有渝／出版社：双美生
活文創。

《有一天》，作者：艾莉森‧麥基／繪者：彼得‧雷
諾茲／譯者：王慧雲／出版社：天下雜誌。

# 獨一無二的寶貝

**說明** 請孩子想一想，再動動手。

---

| 我喜歡的家人 | 我的優點 |
|---|---|
|  |  |

## 我的自畫像

| 我喜歡的活動 | 我的願望 |
|---|---|
|  |  |

尊重孩子的動力，用寫或畫，都很好喔！

# 自學作文，從玩開始～學齡前，在家這樣玩

十年前，我有個家教學生，女孩念國二，自我要求高。她自認作文架構平穩，說理有力，修辭技巧亦佳，唯抒情文是弱點。

這聰明的女孩，腦袋儲存了許多檔案，能針對類似的主題套用相關事例，針對不一樣的題目，她會將類似的排比句或轉化修辭改寫、套用在各種題目，多看幾篇她的文章，便會發現所謂的說理有力、修辭優美，都是換湯不換藥，感覺生硬。

若不知情，我會以為她曾在作文補習班練過功了。但沒有！她就是一個用功，而且力求完美的孩子，所以寫作文也能自創公式來解題。

再深入了解女孩，我發現，除了校園中的日常活動，她很缺乏有趣的生活體驗，除了讀書還是讀書的結果……

**一個幸福的乖孩子，寫不出動人文章，只因為從小沒玩夠！**

「師父領進門，修行在個人」，生活中的感動必須孩子親身體驗，我們期待孩子用文字敘寫，就應該提供孩子可以探索的環境，以及能夠醞釀感動的機會，如此，孩子才會有「屬於自己的見聞和情感」可用來寫作。

因此從 0 歲開始，就可以帶孩子玩出語言的領悟力了。慢慢地，媽媽會發現，就算連日的陰雨天，關在家裡，也能玩出孩子的作文興趣來。

## 媽媽可以這樣做

**目 的** 讓孩子在家玩出語言、文字的領悟力。

## 陪孩子玩繪本

**步驟 1** 0歲開始，媽媽和孩子一起讀繪本。

聽聽媽媽抑揚頓挫的聲音，摸摸書本的溫度，對0歲的寶寶而言，就是豐富心靈的感官遊戲了。

**步驟 2** 牙牙學語的孩子，媽媽陪玩「聲音」的遊戲。

請孩子學學書裡的動物叫聲，也可以和孩子比賽，看看誰能將各種聲音學得維妙維肖。作文裡的摹聲修辭，也不過是這樣啊！

**步驟 3** 詞彙日漸豐富的孩子，允許他打斷媽媽說故事，提出好奇的問題。

媽媽也可以手指圖片提問題，孩子答對了就有成就感，有成就感就能激發孩子的興趣。一問一答，孩子也會習慣思考，而思考能力在日後的寫作過程中，就像機器的馬達，有運轉才有產量。

**步驟 4** 大一點的學齡前孩子，可以化靜態文字為動態表現。

媽媽和孩子一起表演書裡的劇情，讓孩子感覺故事很好玩，就能增添書本的魅力。

當玩繪本成為孩子的生活儀式，就表示文字和故事的魅力，已經深根在孩子的腦海嘍！

## 引導孩子玩動手動腦的手作遊戲

學齡前的孩子喜歡摺紙和剪貼，這不只有助幼兒的小肌肉發展，也是豐富想像力的趣味遊戲。針對孩子剪貼或摺製的作品，媽媽可以陪著孩子發展出小故事。

以下是星妹製作的主角：

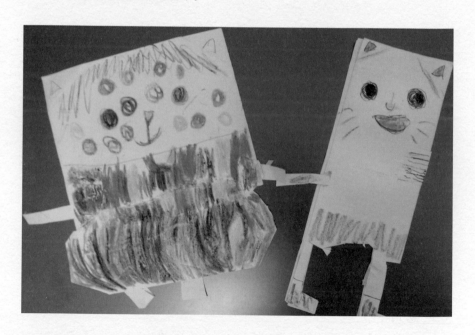

媽媽可以利用問題，引導出孩子的想法。例如：

「這是寶貝做的啊！是你和哥哥嗎？」

「是一個小女孩和一隻小貓。」孩子說。

「他們叫什麼名字？」

「不知道。」孩子說。

「我們一起想想吧？嗯……女孩叫小咪，小貓叫Kiki？」

「不要。」孩子說。

「那就叫他們紙人和紙貓好了。」有時大人表現隨意，反而能激發山孩子的積極。

「我要叫他們麗麗和妮妮，麗麗是小女孩，妮妮是一隻貓。」孩子說。

於是，我和星妹一起動手做了「妮妮的小屋」。

當孩子創造出角色，接著想像出角色的特別性，表示孩子的腦海漸漸勾勒出獨一無二的創意了……

只要媽媽依據孩子提供的材料加以「整理」，就會發現孩子的童言童語充滿故事線索，孩子也會因為媽媽的引導，更懂得將零散的趣味手作，建構成有意義的情感表現或情節發展。

**小提醒**

當幼兒拿著他創造的手作到你面前，說：「媽媽，你看！」或「媽媽，送給你。」請給予肯定，並表現珍惜。在大人看起來很平常的作品，卻是稚嫩孩子才能表現的創意啊！

除了剪紙，其他增加肌肉發展和觸感體驗的遊戲還有：掌印畫、捏麵團、拼拼雪花片……也都能激發孩子思考和想像喔！

## 鼓勵孩子進行開放的
## 發明遊戲

　　只要孩子不引發危險，紙箱可以變成小屋、跳繩可以變成馬車、棉被可以變成國王的新衣……媽媽要尊重孩子的遊戲，以支持的態度讓孩子自導自演。

　　在大人看來，平常又無聊的遊戲，卻是孩子的樂趣所在。透過遊戲探索生活，將激發孩子的潛能，而媽媽的認同，更是鼓勵、安定孩子的力量。

## 鼓勵孩子玩畫畫的遊戲

　　媽媽只要大方的提供畫具，並陪坐在孩子身邊，孩子便能發揮天生的創意。

　　透過畫畫，孩子能展現他們的內在世界。喜歡畫畫的孩子，甚至能自創他個人的文字記錄！

例如，有天，我忙著趕稿，於是讓星妹聽故事CD，她好想跟哥哥分享聽到的故事，卻擔心哥哥放學回家後她已經忘記故事名稱了，於是自創了「圖像文字」。

「球」＋「飯」＋「明星」
＝囚犯變明星

**小提醒**

學齡前的教育，應該著重在啟發孩子思考，讓孩子從遊戲中表現創意，而不是急著要孩子學會認字及寫字喔！

## 給媽媽的小錦囊

　　有人說，成為母親，讓女人有再次成長的機會。過程中，我們因為孩子而發現自己的童心，也找回失落的童年，而每天和孩子相處，更是讓我們誠心修練的過程。親子共處的階段，像共乘著單程列車，過而不返，怎能不教人珍惜！

　　陪孩子自學作文，就算是上班媽媽，一個星期只要花一個小時，也會留給孩子溫暖的影像，即便將來孩子不能成為大作家，但他會記得，和媽媽共享的時光。

　　也許，還是有家長會想：「哎呀！我哪來的閒工夫和孩子說東扯西的。」

　　所以，寧可把孩子交給他人去當實驗品嗎？

　　一直到今日，教改依然持續努力中，我們的孩子都是教改體制下的白老鼠，與其將來著急孩子的作文怎麼補救，不如從小就陪著孩子自學，這不只是學習作文的過程，也是親子間最珍貴的一段回憶。

親子
互動時間

## 玩畫畫

### 玩 法

1 請準備圖畫紙，媽媽和孩子一人一張。

2 拿出蠟筆，選一種自己喜歡的顏色，將自己的一隻手掌描繪在圖畫紙上。

3 孩子和媽媽(或其他孩子)交換手上的圖畫紙，在拿到的紙上畫一條「不限制長短、位置、顏色」的曲線。

4 再交換圖畫紙。在紙上畫一個「不限制大小、位置、顏色」的圓形。

5 再交換圖畫紙。在紙上畫一個「不限制大小、位置、顏色」的三角形。

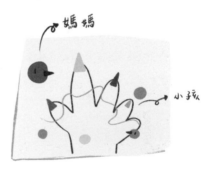

6 再交換圖畫紙。想一想，這張圖還可以畫上什麼？可以畫上物品、人物或線條，把抽象的形狀組成具象的情境，也可以把抽象的圖像補充畫到自己滿意為止。

7 最後，這如果是一張有故事的圖畫，就把故事說出來。

如果是一幅有意義的景象，也請說明一下。

如果是一幅單純的抽象畫，那麼這是一幅〈好玩的畫〉？〈和媽媽一起完成的畫〉？還是，有更好的形容來代表這幅畫呢？

# 自學作文，從玩開始～
## 學齡前，出門這樣玩

玩，可以激發孩子的創造能力，也將提高孩子的學習成效。但是，媽媽必須掌握原則：不要擔心會扼殺小孩的創意，就放任孩子，不教孩子規矩，也不要擔心孩子受限制後會失去自信，就任由孩子影響他人的權益。

如果媽媽可以掌握原則，讓孩子愛惜自己也尊重別人，就可以帶孩子出門盡情的體驗了！所謂的愛惜和尊重，對幼小的孩子而言，必須建立在媽媽溫柔而堅定的行動中。給孩子適當的探索方向和明確的玩樂分寸，讓孩子清楚原則，在原則以內他將可以大膽地去發現！這樣，就算只是住家附近的公園草皮，都是孩子學習作文的最好開始。

興趣是孩子的學習動力，期待孩子將來作文沒煩惱，媽媽真該帶著孩子讓他從小就上山下海玩個夠。

## 媽媽可以這樣做

目的　把握寶寶的感官敏銳期，走出家門邊玩邊學習。

### 0～3歲的孩子，屬於觸覺敏感的階段

讓孩子在草地上探索，滿足孩子的好奇。看似沒什麼，但對孩子來說就是遊戲，而且爬得多，觸覺體驗越豐富，將穩定孩子的心性，也有助孩子下階段的發育。

讓孩子盡情玩沙，當孩子堆沙堡、挖沙坑，玩得不亦樂乎的時候，媽媽可以發現，原來在孩子眼中，沙子可以變黃金！玩沙，就是讓小小孩探索自然，也是讓孩子學習創作的過程。

如果一個小學三年級的孩子，還無法專注的坐一堂課，並靜心思考，也就很難順利完成一篇文章了。因此，自學作文，請先穩定孩子的心性。

很多家長送孩子補習珠心算，學習書法，甚至上讀經班，目的是期待孩子提高專注力，其實，孩子的專注力跟幼兒時期的發展相關，讓寶貝盡情地在草地上爬，讓幼兒在沙地大膽地捏塑，不只有助感覺統合的發展，對日後孩子的專注力、創造力也有絕對的幫助。

## 3～6歲的孩子，屬於聽覺敏銳的階段

孩子都喜歡出門玩耍。媽媽帶孩子參加聚會，聽大人聊天也是有趣的觀察遊戲。讓孩子感受人與人之間的連結，透過與他人的互動，孩子的情感發展將更健全和豐富。

也可以帶孩子到戶外，矇起孩子的眼睛，讓他猜猜周遭的聲音是什麼？

在幼兒的聽覺敏感期，帶孩子外出感受人和環境的不同聲音，將讓孩子養成觀察周遭環境的能力，而「觀察」是寫作過程中不能缺少的功課。

## 6歲之後的孩子，屬於視覺敏銳的階段

可以帶孩子到住家附近的公園撿拾花果，讓孩子感受季節的變換，也讓孩子探索世界的多樣性。

孩子需要實際的體驗。媽媽可以帶孩子展開行動，搭火車半日遊，打開孩子的視野，也讓孩子發現更多生活的驚喜和感動。

**小提醒**

和孩子共同擁有體驗和回憶，不管做什麼，都會讓孩子的心靈有支持的力量，這些經驗都將成為孩子日後的回憶，是他故事裡的一頁，也有助於他開創自己的故事和回憶。

親子
互動時間

# 葉子的故事

**說明** 帶孩子到校園或公園撿一片「特別的葉子」。

1 請孩子看看葉子的外觀，想想它有什麼特別之處，例如：大小、葉面、葉形、葉緣、顏色、損傷……

2 找一找，葉子是從哪一棵樹落下來的？注意周邊有沒有標示牌，有的話把樹名記下來。

3 請孩子用雙手抱一抱樹幹，感覺一下這棵樹有多胖。

4 準備一張A4影印紙放在樹幹上，用鉛筆輕輕地將樹幹的紋路拓印下來。

5 從外觀看來，這片葉子讓孩子聯想到什麼？
例如：流浪的小孩、被蟲蛀咬的病患、退休的老爺爺……

6 回家把這片葉子貼在拓印了樹幹紋路的紙上。在空白處寫上撿到它的日期(季節)、地點、樹名。再請媽媽上網查一查樹種的特殊性，例如：是否有別稱？幾月開花？葉的生長情形？

7 如果這張紙還有空間，可以替這片葉子畫上帽子、翅膀，也可以把它變成蝴蝶、女孩……等模樣。

8 最後，把這個作品用白紙壓著，藏進書裡。它將成為標本，也成為親子共有的回憶。

## 給媽媽的小錦囊

☆媽媽必須知道：玩，是讓孩子擁有體驗。透過體驗，
　孩子的內心會有感觸，這是醞釀寫作的初期養分，不
　必急著看到孩子的能力進展，或急著驗收成果。

☆簡單的事馬上做，別想得太慎重，如同洗碗、洗衣
　這些家事，有經驗的媽媽都知道，若想等到孩子睡了
　再做，總是堆積如山，必須熬夜！若是想到立刻做、
　隨手做，這些事就不會造成麻煩。帶小小孩邊玩邊體
　驗，也是一樣的道理，請想到就做。

☆陪孩子學作文，請從幼兒階段就陪他說、陪他看、陪
　他聽、陪他走，這些走讀、走玩的過程會累積能量，
　有天，將讓媽媽有神奇的發現——原來不費吹灰之
　力，孩子已經走上學習作文的小徑。

## 媽媽累了，
## 躺在床上也能玩作文

孩子的幼兒時期，很多媽媽都有累翻的時候，若是家有二寶，那更常是分身乏術，精神和體力都備受考驗，最後只能憑一顆愛心，賴在床上，連孩子「喝一瓶奶」的片刻都覺得珍貴，只想把握時間闔上眼皮！

我的累翻時期，星哥正處於「學習等待」的三歲半，星妹是新生兒，白天趁妹妹睡著，媽媽也好想跟著補眠，但哥哥卻精力旺盛，吵著要媽媽陪！這時候，除了玩「醫生和病人」的遊戲，還能玩什麼？

走過之後再回想，我驚覺，那些辛苦早已轉化為甜蜜的回憶，甚至內化成孩子心中的養分。原來，我們早就誤打誤撞地開始了作文的探索遊戲。

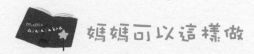

**目 的** 媽媽想喘息，寶貝還不累，「語詞遊戲」加減玩。

## 陪孩子學新詞，玩記憶

就算腦袋昏昏沉沉，媽媽也可以想辦法說出幾個詞（詞性不必一致），例如：飛機、鱷魚、睡覺、三更半夜。

媽媽說完，請孩子重複說一遍「飛機、鱷魚、睡覺、三更半夜」。

若孩子沒辦法很快答對，媽媽也無須太清醒地計較，請給孩子一點溫和的回應：「飛機、鱷魚，你說對兩個了，要不要再想一想呢？」

也可以給孩子提示：「我們會躺在床上做什麼事呢？」然後說些肯定的話：「對，是睡覺，你很棒喔！」

公布答案時，為了讓孩子獲得學習，媽媽可以這樣引導：「還有一個答案是『三更半夜』。來，跟媽媽說一遍──三更半夜。三更半夜，就是晚上十二點的時候，寶寶和媽媽都睡著的時候。」

漸漸地，孩子能掌握答案，也會想出題考驗媽媽，媽媽可以假裝孩子出的題目太難了，所以無法說出正確答案，孩子感覺自己獲勝了，表現也就會更積極喔！

這樣的遊戲，可以訓練孩子的記憶力和專注力，也可以一邊玩一邊讓孩子認識新詞彙，潛移默化中，孩子的語詞敏感度就能提升，也會更熱中國語文的探索喔！

只要媽媽不急躁，多多利用遊戲的方式進行親子互動，孩子慢慢地就能掌握要領，因為這一點一滴都內化了孩子對語詞、對故事的敏感，孩子總是自然地邊玩邊學了。

## 教孩子辨別詞性，玩記憶

當孩子可以正確答出四個語詞，媽媽就試著多說三個詞，利用遊戲的方式考驗孩子的記憶。

給時間、地點、名詞、動詞等不一樣詞性，告訴孩子：「我們現在要開始進行比較困難的遊戲喔！但是媽媽相信你一定可以做得好。」然後，讓孩子了解詞性，媽媽可以這樣說：「寶貝聽好喔！剛才、廁所、小貓、洗臉，你可以告訴媽媽哪一個詞表示時間呢？」

孩子答對了，再問哪個詞表示地方（地點）、哪個詞表示動物或人物（主角）、哪個詞表示動作（做什麼事）。

進行這階段遊戲時，要避免孩子不懂的語詞，媽媽說出來的語詞需盡可能的簡單、好記，重點是讓孩子了解詞性的不同。

## 陪孩子玩語詞重組，懂情節

星哥四歲後，我們延續上面的遊戲。

但是，幾個詞除了要記憶，還要試著編出一段情節。例如上面的四個語詞，孩子可以說出：「剛才有一隻小貓在廁所洗臉。」

將語詞重組變成句子後，也構成一個畫面了，這時，媽媽當然要讚美孩子，讓孩子有自信後，他才能說出更多延伸的細節喔！學國語文，學作文，並非立竿見影的事，點點滴滴地進行，看似沒什麼，卻能帶給孩子樂趣，也教會孩子不斷在語文學習的園地上深耕了。

### 給媽媽的小錦囊

和孩子互動的過程中，媽媽最好保持微笑，經常點點頭肯定孩子，就算媽媽真的累得睡著了，也沒關係，結果還是要假裝媽媽聽懂了，而且聽得津津有味，這樣，孩子不但樂意玩類似的遊戲，也能讓媽媽獲得短暫的休息。

# 用故事的「四大要素」組織句子、創造好玩的故事

───────────────

　　任何科目都一樣，期待孩子有興趣，就該採取浸潤式的學習，並且要讓孩子多多練習，才能提高孩子的成就感。

　　作文寫得好不好，和孩子的聯想力、生活經驗，以及閱讀量、練習多寡都有關。所謂的練習，並不是要孩子讀範文，也不是要孩子拿筆寫文章，而是讓孩子接觸、活用語言和句子的練習。

　　**童言童語加上想像，就能創造出故事，這也就是幼兒學習作文的過程，**並且，在學齡前，媽媽就可以帶孩子玩遊戲，讓孩子熟悉故事的架構掌握。故事的架構等於是學習作文的結構，而學會說精采故事的孩子，對寫作這件事將發展出自我表現的欲望，他的作文能力也會在自創的故事中獲得提升，並自然地發展出一種獨特的用語風格。

媽媽可以這樣做

**目的** 用圖卡掌握故事的四大要素（時間、主角、地點、事件），並發現創意的語句，以及延伸有趣的故事。

1 先製作寫有四句情境語句的圖卡，然後，請媽媽帶孩子念一念。

2 請將圖卡剪下，依照上面的編號分類成四疊，類別為：❶ 時間、❷ 主角、❸ 地點、❹ 事件。

3 四疊紙卡分別洗牌，讓孩子在每一疊中抽出一張卡。

4 按照抽到的卡片，組織成完整的句子。

5 大一點的孩子，可以請他針對重新組織的句子，試著編一小段故事。

**小提醒**

也可以讓孩子嘗試畫圖卡或寫句子，和家人製作的卡片混在一起後，依照故事的四大要素分類，然後重複上面的遊戲。

晚　上

放學後

中秋節
今天

春節連假時

時間

小　狗

老　師

嫦　娥

警　察

主角

在公園

在辦公室

地點

在月亮上面

在馬路上

大便

改考卷

事件

跟玉兔玩遊戲

指揮交通

## 給媽媽的小錦囊

☆幼兒的語言發展尚未成熟，大人認為很平常的句子，他們卻無法熟練地表達，媽媽必須耐心地用遊戲引導出孩子的創意。

☆重組後的句子不合邏輯，無須介意。孩子感覺趣味最重要，而且，許多天馬行空的故事就是這樣來的呢！

☆平時閱讀繪本時，可以陪著孩子觀察角色和場景的變化，多看、多聽就能建構孩子的語法、組織和創造力。

提心吊膽玩遊戲～
媽媽藏心機，孩子學習描述物體

孩子天生喜歡冒險，對未知的事物總抱著既期待又怕受傷害的心情。記得我小時候，電視上的綜藝節目有個「恐怖箱」的單元，遊戲的重點是：藝人將手伸進一個無法窺探的洞裡，摸摸製作單位準備的物品或動物。節目最精采的部分是，妝扮亮麗的女藝人被嚇得花容失色，或俊帥、魁梧的男星被整得驚聲尖叫，光看就覺得刺激極了。

這樣的遊戲，也是我引導學生寫作時最受喜歡的單元了。透過活動，首先讓孩子進行感官的體驗（觸感），並由觸感進行聯想，活動後，更可以讓孩子簡單學會敘事，一邊練習說，一邊感受順序、插敘、倒敘所呈現的不同效果。

媽媽陪孩子自學作文，當然不能錯過這樣一個好玩又刺激的遊戲囉！

## 遊戲流程

**步驟 1** 準備一個可以裝藏物品，且袋口足夠大，可以讓手伸進去的紙袋。（為求刺激，也可以準備箱子，在箱子外面畫上嚇人的圖案。）

將準備好的謎底放進紙袋裡。然後邀請孩子一起玩遊戲，媽媽表現得越神祕，孩子越感覺好奇，也就越想學習。

提醒孩子，我們的感官就是我們身上的寶貝，請隨時拿出來運用。今天主要是運用觸感，對於接觸到的物體，請孩子盡量做聯想，然後告訴孩子，可以從下面幾點去探索：

①形狀（圓、方、長、不規則、線……）

②表面狀態（毛毛、刺刺、凸凸、坑洞、滑滑、硬硬、軟軟……）

③體溫（溫、熱、冰冷……）

④互動（會不會動、感覺有沒有攻擊性……）

⑤聯想（像玩具、讓我覺得很溫暖、感覺是可怕的冷血動物……）

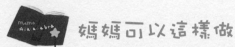

## 媽媽可以這樣做

**目 的** 練習描物也敘事。

### 教孩子邊玩邊說，學描物

孩子伸手進箱裡，媽媽一邊提示他探索的重點，也可以用提問的：「它的形狀如何？圓圓的？還是……」

媽媽依孩子的表達能力決定提示的多寡。對於表達能力較差或較被動的孩子，媽媽可以重整孩子的話。

孩子如果說：「長長、毛毛、有點硬硬、不會動。」

媽媽要接著說：「喔！你說它的體型是長長的，摸起來有毛毛的觸感，媽媽聽你說到這些，猜想是毛毛蟲耶！但你說捏下去硬硬的，是嗎？既然不會動，它應該是沒有生命的，你覺得是常出現在哪裡的東西呢？」

**小提醒**

透過媽媽的話，孩子可以感覺他的答案是受肯定的。媽媽將他的句子變長了，讓他可以學習這樣說，並且在媽媽的疑問句中，孩子自然會跟著思考，被動的孩子也可能漸漸展現積極一面喔！

玩遊戲時，提醒孩子別急著公布答案，鼓勵他說一些提示，除了媽媽引導的探索重點，當孩子略知謎底時，可以依所知做提示，或由媽媽反問他：

「這個東西最常出現在哪裡？」

「可能是什麼顏色呢？」

「有什麼功用呢？」

　　猜對了嗎？接下來，媽媽就可以教孩子：若要敘述今天的遊戲可以如何說。

## 教孩子邊玩邊說，學敘事

　　「耶！我猜對了，是毛根，這個遊戲太好玩了。」教孩子先說出事情的結果，再從頭說事情的開始：「今天，媽媽神祕兮兮地說，我們要進行一個恐怖的遊戲，我一聽到，頭皮都發麻了，到底有多恐怖啊？」接著說過程，最後再說一說感想和收穫，這叫倒敘。

　　另外也可以先說過程：「啊！我摸到什麼可怕的東西啦？竟然長長又毛毛的……」首段以過程展開，接著話說從頭，這是一種比較簡

星妹摸到的是奇異果，星哥摸到的是剛從冰箱拿出來的黑木耳。

單的插敘法練習。

請孩子比較順序、插敘、倒敘，呈現的不同效果。

然後請孩子用倒敘或插敘說說故事，故事的主角是他自己，事件就是今天這個活動。

最後請孩子為今天的遊戲訂一個題目。犀哥訂的題目是〈紙袋裡的寶貝〉。

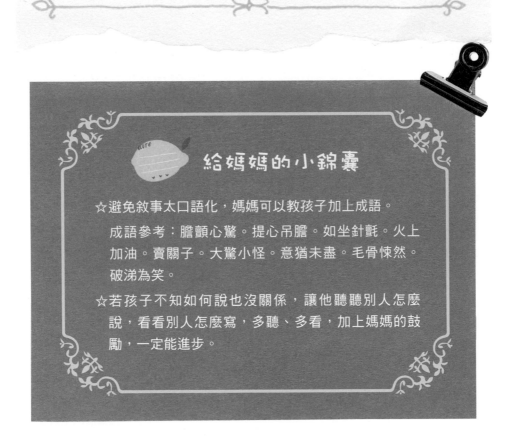

給媽媽的小錦囊

☆避免敘事太口語化，媽媽可以教孩子加上成語。

成語參考：膽顫心驚。提心吊膽。如坐針氈。火上加油。賣關子。大驚小怪。意猶未盡。毛骨悚然。破涕為笑。

☆若孩子不知如何說也沒關係，讓他聽聽別人怎麼說，看看別人怎麼寫，多聽、多看，加上媽媽的鼓勵，一定能進步。

〈紙袋裡的寶貝〉

　　早上，媽媽突然神祕兮兮的說：「來玩猜猜看遊戲吧！」說著，媽媽拿出一個黑色箱子。

　　我以為媽媽要變魔術呢！沒想到，她突然說：「小心喔！箱子裡裝著會咬人的動物，不想冒險可以不要玩。」這真的讓膽小如鼠的我腿軟了。但是，天生大膽的的妹妹卻說：「哎！一定是騙人的。」這時候，媽媽笑著火上加油，說什麼她今天一定要讓我們嚇得屁滾尿流！

　　雖然感到恐懼，但是我還是好奇的把手伸進箱子裡，天啊！這是什麼哪？我一碰到冰冷的物體，立刻想縮手，媽媽卻緊抓住我的手臂，我根本沒辦法逃避！接著，感覺滑滑又濕濕的東西在我指尖，我忍不住大叫：「是蛇的屍體！」

　　媽媽放開我的手，我趕緊拿手聞一聞，好噁心啊！有腥味。我衝進廁所洗手以後再回來，卻看見妹妹給我一個「你很大驚小怪」的表情，媽媽也不賣關子，直接公布謎底了。噢！真的是我自己嚇自己，原來只是一尾冰過的濕魷魚啦！

# 在廚房玩～儲存寫作的材料

連日的濕冷，讓我不想買菜，也不願洗菜、洗碗。

有天，星爸忍不住挖苦：「哎呀，媽媽越來越勤勞了，我們又要吃便當了！」

「這麼冷的天，連狗都懶得逛市場了。」我說。

星妹哈哈笑說：「爸爸說錯了，媽媽不煮飯是懶惰，不是勤勞！還有，我今天在外面有看到小狗喔！媽媽騙人。」

星哥接著搶答：「爸爸是故意這樣說的，這樣說就表示媽媽很懶惰，媽媽也是故意這樣說的。」

「對，爸爸用的是反諷法，媽媽用的是誇飾法。」我說。

就這樣，這天晚上，我不好意思偷懶了。

「哇，火鍋耶！」孩子發現餐桌上的驚喜，開心的嚷著。

「是壽喜鍋。」我說。

「媽媽懶得去市場，為什麼有菜煮這個？」星妹問。

我跟孩子解釋材料的來源，木耳、金針菇、鴻喜菇、洋蔥、青菜是前幾天剩下的，蝦棒、蝦子和豬肉片是冷凍庫裡的庫存。

孩子理解地點頭，我想這是好時機，就順便解釋：寫作的材料

不是等到稿紙放在面前了，才開始找尋，而是平常就該準備了。

巧婦難為無米之炊，寫作文也一樣。

很多孩子一看稿紙就皺眉，就像媽媽想煮菜卻沒有食材一樣，縱使有一手好廚藝，卻變不出什麼來擺桌。同樣地，孩子寫不出文章，可能是腦中無材料，平日也不懂得儲備寫作材料啊！

 媽媽可以這樣做

 **目的** 以柴、米、油、鹽為例，教孩子儲存寫作的材料。

先同理孩子的難處，再教他改變或進步的方法。因此，趁冰箱有什麼菜就端出什麼湯的時刻，告訴孩子，媽媽懂他想寫作文卻寫不出來的辛苦，媽媽也有過想炒飯，卻沒蔥也沒蛋的窘境，因此必須學會儲存材料，以備不時之需。

寫作想要順利，也是平常就該準備！

我們永遠不知道何時會需要什麼材料，因而平常就該做各種儲存的動作，多看、多聽、多探索，這些記憶在腦海的影像、知識、情感、對話，都是個人的寫作材料。

個人的寫作材料也跟家庭冰箱一樣，會顯現獨特性。以我個人為例，我不買難處理的食材，也不喜歡容易變質的食物，在寫作的過程中，我曾經懊惱，怎麼寫不出華麗的詞句？怎麼無法開啟深奧的情節？但這是個人的生命經驗造成的啊！每個人所能儲藏的材料不同，請真誠、坦白地寫出自己發現的材料吧！

## 給媽媽的小錦囊

☆媽媽認真做自己，讓孩子發現生活的真誠樣貌，就是陪孩子自學作文的一部分，也是帶孩子學習寫作的基本功唷！因為，我們要教孩子寫出真實的生活，而不是寫別人想看的文句。

☆用鼓勵代替質疑和要求，引導孩子說出想法，親子間的互動就是寫作的材料。

☆我們必須提醒孩子，平常就要儲藏寫作材料，將自己感動的心情、突發的想法或閱讀到的一句道理，隨時記錄下來，也可以養成剪報的習慣。

☆寫作時，選取的材料要展現個人思想和特色。以掌握情感、表現真摯為首要，再視必要追求修辭美化詞句。

## 材料配對遊戲

說 明　上面六個句子各是下面哪一個題目的材料呢？
　　　請媽媽陪孩子讀一讀，再連連看。

小偷將無所逃遁，
因為我是翱翔天空的正義使者。

眼淚不受控制地一顆接一顆湧出來。

難過的時候，我的心會突然往下沉，

我生病時，
媽媽總是片刻不離地守護我。

寵物死掉的回憶。

媽媽的手像冬天的暖暖包，
讓我感受溫暖。

我要穿梭在雲層間，
和風玩捉迷藏。

刺激味蕾又讓人回味的
〈假如我會飛〉

蜜汁口味的
〈我的媽媽〉

苦澀滋味的
〈讓我難過的一件事〉

## 在廚房玩～
## 食譜＋簡單故事，明白何謂布局

星哥二年級的某一天，我發現孩子認真地翻看一本食譜。

他說：「媽媽，食譜很好看耶！我喜歡看裡面的照片，看起來都很好吃。」

那陣子，我勤於研究食譜，餐桌上經常出現新嘗試的料理，孩子吃得津津有味，偶爾也會擠進廚房，拜託媽媽讓他們當助理，幫忙打蛋、拿鍋鏟翻肉，孩子能動手就有成就感。

樂趣會引發學習動機，那天星哥說：「媽媽，我覺得煮菜很好玩，我想學煮菜。」

媽媽順勢問：「你知道煎荷包蛋，要用什麼材料，還有煎蛋的步驟嗎？」

星哥說知道呀，材料是蛋、油和醬油。

步驟呢？他說：「打開瓦斯的火，讓鍋子熱起來，然後倒一點點油，再把蛋打進鍋子裡，等一面差不多煎熟了再翻

到另一面。」

對，然後就可以起鍋淋上醬油。這樣就大功告成了。

寫一個故事或一篇作文，也可以這麼簡單喔！

 **媽媽可以這樣做**

**目 的** 煎荷包蛋＋簡單故事，教孩子布局。

 帶孩子煎荷包蛋，問問孩子煎蛋需要的材料和步驟。

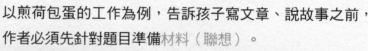

 以煎荷包蛋的工作為例，告訴孩子寫文章、說故事之前，作者必須先針對題目準備材料（聯想）。

步驟3 有正確的步驟，才能煎出美味的荷包蛋。同樣地，要編一則故事，或寫一篇文章，也要有恰當、合理的步驟，所以要先擬定大綱，即是決定哪些材料先寫，簡單說，就是安排文章每個段落的內容。

 媽媽可以和孩子共讀幾本繪本，讓孩子認識故事的布局。
基本的布局：把蛋打進鍋裡（開始）→蛋液在油鍋裡產生變化（過程）→蛋液變成固體，熟了（結果）

# 給媽媽的小錦囊

☆鼓勵孩子，針對一件事，敘述它發生的原因、過程、結果。孩子能掌握事件的發生順序，清楚說明過程，就是學習文章的基本分段，如此，當孩子純熟掌握材料和步驟，也能自信地發揮個人的創意和情感囉。

☆以劉旭恭老師的《五百羅漢交通平安》為例／出版社：親子天下。

材料是：阿媽、平安符、小男孩、五百羅漢、懸崖、飛機、海上、火車。（繪本是以圖像為主、文字為輔的讀本，讀者期待透過繪圖看見故事的發展，這些材料會逐一出現在繪圖上。）

作者如何處理這些材料呢？

阿媽請五百羅漢守護男孩。（開始）

在一次一次的意外中，男孩險象環生卻因羅漢的守護而歷劫歸來。（過程）

最後羅漢們逐一犧牲了，男孩長大。（結果）　用同樣的材料煎荷包蛋，我們經常會發現，某一家自助餐的荷包蛋特別美味，原因可能是火候、下蛋的時間點或蛋的熟度。同樣地，創作故事或寫文章時，不同作者來寫同樣的題目，即使使用類似的材料，也會組成迥異的故事溫度和結局。

你撿到一張藏寶圖耶！
說說看，你的心情如何？

# 尋寶，學說故事

**說明** 這裡有一張藏寶圖，請選擇一條路線前進。
遇見關卡，必須說出解決辦法，
或達到要求，才能繼續前進。
媽媽和孩子選擇不同路線各玩一次，
過程中請計時，看誰比較快完成任務。

來到春天國，
春國王喜歡玩捉迷藏，
你必須說說看，
春國王躲在哪，才能離開。
例如：春國王躲在花小姐的笑容裡。
(提示：想想看，春天有哪些情景？)

離開春天國，走進森林，
看到壞皇后把毒蘋果塞進白雪公主的手裡，
你必須及時搶救白雪公主。
說說看，怎麼做？
(不能拆穿壞皇后的詭計喔！不然你可糟了。)

必須有白雪公主的指紋當辦識，
藏寶箱才能打開，
但是，白雪公主想知道你發現藏寶圖的
開始和尋寶的過程。
快說給她聽吧！

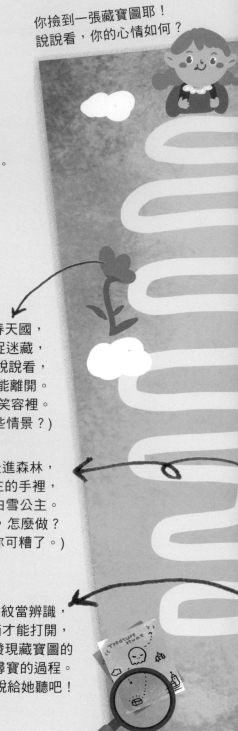

出發

你撿到一張藏寶圖耶！
請用肢體配合表情，
表現出驚喜又興奮的心情。

來到「找麻煩湖邊」，
湖邊有一隻怪鴨，
怪鴨要你幫牠寫作業，
才願意載你到對岸。
作業是用「寶」字造三個語詞。
說說看吧！

水鴨載著你，
你們往湖的另一邊出發，
突然，大水怪出現了！
大水怪威脅你，交出藏寶圖，
不然就要把水鴨吃掉！
你該怎麼做？

寶藏在一道石門後面！
必須有怪鴨的聲音
才能控制這道門，
但是，怪鴨要你把尋寶的過程
從頭到尾說給朋友聽，
牠才願意幫忙。
開始說故事吧！

終於找到寶藏了！
說說看你要感謝的角色和你的心情。

# 在廚房玩～
## 啟動酸甜苦辣的聯想

近年來，新聞報導經常指出，孩子的作文能力日漸低落，甚至有老師公開孩子的錯誤，以證明孩子寫出的文句有多可笑、多離譜。

我想，公開孩子的缺點，並不能讓孩子有所警惕、有所進步，孩子若知道自己錯用成語、寫錯文字被公開成笑話，從此只會更憎恨寫作這件事吧？

這樣的新聞經常出現，對全國中小學生的寫作教育並沒有實質性的幫助。我們小時候，都沒有寫過見笑於人的作文嗎？或許有，只是當時的媒體功能不普及，也可能是當時的師長不認為那可以說成笑話，於是錯得可愛的文句就被封在老師的抽屜裡了。

身為家長，我們改變不了教育環境，也無法保證孩子將遇到可以開發他潛能的老師，我們只能用行動增進孩子的寫作自信，潛移默化地提供孩子寫作的養分。而且我們要相信：只要有開始，就是進步了！

一個小小的活動，孩子每天必做的品嘗工作，只要媽媽放大來進行，用心機引導孩子發想心得，用決心陪孩子一同搜尋材料，不知不覺中，孩子將增添了肚子裡的墨水，也會增長了自信。

## 媽媽可以這樣做

**目 的** 啟動酸甜苦辣的聯想。

 **步驟1** 準備酸、甜、苦、辣四種食物。（例如：鳳梨、香蕉、柚子皮、芭樂皮。）

 **步驟2** 請孩子矇上眼睛。依序讓孩子嘗嘗味道，說說這是什麼食物。每嘗過一種食物就讓孩子拿下眼罩，喝口水。

 **步驟3** 最後，和孩子一起討論，並完成記錄單。

寫紀錄單時，孩子若不知道答案，媽媽可以提示：現在是十二月，我們常在市場看到草莓，所以草莓盛產的季節是……？如果連媽媽也不知道答案，那麼google是現成的老師，不懂的馬上查，記憶最鮮明。

對於孩子聯想到的答案，媽媽必須掌握原則，聯想要具合理性、有故事性，例如：

「芭樂想到籽，香蕉想到香蕉皮」，這樣的聯想沒有不對，欠缺聯想練習的孩子很容易說出這樣的答案，而後媽媽會發現，過於表面的答案會讓孩子的思想無法開展，應該避免。

香蕉想到貓，這樣的聯想太牽強，或許孩子有自己的理由，這是很棒的，但對一般人來說是不合理的，為了省去「必須跟讀者解釋許多，卻對主題表現沒有幫助的過程」，我們應該想想更有創意的答案才好。

　　鼓勵孩子多做情感的、特性的聯想。例如：芭樂，星哥聯想到討厭的人，因為他不喜歡芭樂的籽，吃芭樂的時候總被籽卡在牙齒縫，像跟他作對的人，所以覺得討厭；香蕉甜甜、軟軟的，星哥聯想到媽媽，因為媽媽大部分的時候是溫柔的，而他又覺得媽媽像月亮，所以他寫下月亮這個答案。

　　媽媽可以尊重孩子的感受，除非太過偏差的思想，否則應避免過度的說教和主觀的否定。


　　很多孩子到國中了，卻無法針對主題擴展出精采的文思，問題在於：從小缺少聯想練習！若說鉛筆盒的聯想，他只想到鉛筆、原子筆、橡皮擦、尺……，相較下，有孩子可以從鉛筆盒想到百寶箱、學習的夥伴、依靠、知識……，後者無論如何，已經贏在創意性、豐富度和幸福感了。

　　能夠掌握線索發揮聯想的孩子，是幸福的，因為有幸福的媽媽引導著他。

 ## 給媽媽的小錦囊

☆我們大人常說「慢活」——放下汲汲營營的心態，放緩生活的步調，因為心情放鬆了，才能感受生命的多變風景。同樣地，孩子也需要「慢學」──打開身體的感官，不論是一陣季節轉變的微風，還是一道平常不過的料理，甚至是與家人日常的互動，都能帶給孩子心靈觸動。日常感動和生命經驗，就是孩子獨門的寫作材料和情感，只有放慢腳步，放鬆心情，才能收穫！

☆搶救孩子的作文能力，請媽媽先聽聽孩子的想法。

引導孩子寫下自己的想法，孩子會因此學會寫作的實在功夫。反之，送孩子上補習班，也許，孩子學會用各種名言套進內容裡，可以編出不同的生活故事套進段落中，就算因此獲評為佳作，卻不是孩子真實的情感！當寫作對孩子來說只是一項功課，除了爭取高分，又有何意義呢？

☆媽媽在跟孩子討論時，可以配合網路搜尋跟孩子一起找答案，很多學問就在舉手之勞的當下獲得了。

親子
互動時間

## 酸甜苦辣記錄單

**說明** 給孩子嘗嘗滋味，再陪孩子完成記錄單。

寶貝的「酸甜苦辣」記錄單 　　　　　　　　日期：＿＿＿＿＿＿

| 味覺 | 酸的 | 甜的 | 苦的 | 辣的 |
|---|---|---|---|---|
| **食物名稱**<br>（用畫的也可以喔！） | | | | |
| **口感**<br>（例：硬硬、軟軟、脆脆、入口即化、鮮嫩多汁、齒頰留香……） | | | | |
| 請寶貝和媽媽一起調查，這種食物的**生長情形**（圈❶或❷）也可以再寫下你知道的其他細節 | ❶長在樹上<br>❷長在地上 | ❶長在樹上<br>❷長在地上 | ❶長在樹上<br>❷長在地上 | ❶長在樹上<br>❷長在地上 |
| **盛產的季節** | | | | |
| 用文字或畫圖表現，它讓你**想起了什麼**（有關的記憶、故事或感受都可以喔！） | | | | |

以上這些，孩子最喜歡哪一樣食物呢？說說看，為什麼呢？

# 在廚房玩～
## 點心吃什麼都能滋養孩子的寫作能力

　　近年來，親子體驗活動成了父母的追蹤重點，業者也看準了商機，從百貨公司的職業體驗，知名便利商店、披薩店、速食漢堡店的小店員，到咖啡店、蛋糕店、拉麵店，孩子都有機會參與體驗。

　　看孩子穿上店家提供的廚師帽和圍兜，不管結帳、揉麵，還是擦桌，小童、大童都能表現出主動和熱情，媽媽也滿意地拿手機拚命拍照。

　　其實，除了帶孩子參加活動，我們更可以把「家」當作蒙特梭利的實踐場地，不要嫌孩子礙手礙腳，不要覺得媽媽做的比較快，只要媽媽拿出耐心，歡迎孩子一起動手，就能發現：孩子天生愛活動，煮菜、烘焙，在家進行也很好玩，過程中，孩子會留下回憶，也會和媽媽緊密的互動著，這些都是寫作的養分喔！

　　在孩子的期待下，我帶星哥和星妹再次做了「麵包布丁」。

　　記得第一次品嘗這道點心，是在飯店餐廳，回家後，我立刻上網搜尋作法，孩子嘗到媽媽親手做的滋味，臉上滿是驚喜和感動……

　　每個媽媽和孩子，都有屬於彼此的「第一次」，那畫面可能是珍貴的、辛苦的、享受

的,擁有這些回憶,孩子怎麼會在面對〈我的第一次〉、〈難忘的時光〉、〈媽媽的拿手料理〉、〈讓我感動的一件事〉這類的題目時,說他不會呢?

 媽媽可以這樣做

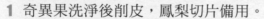

**目的** 親子動手做點心,滋養孩子的寫作能力。

**材料**

吐司三片、鮮奶200cc、蛋1顆、起司1片、奇異果1顆、鳳梨罐頭半罐、草莓數顆、蔓越莓乾少許

**麵包布丁作法**

1 奇異果洗淨後削皮,鳳梨切片備用。

2 準備一個大盤子,請孩子幫忙擺上材料:蔓越莓乾抓一把,草莓和奇異果請大孩子切片,起司和吐司也放上盤子。

3 請孩子將蛋在碗裡打散。

4 準備一個烤盤,讓孩子將鮮奶和蛋液倒入並攪拌均勻。

5 請孩子將吐司剝成小片,放進「蛋+鮮奶」的烤盤裡,吐司完全浸泡液體後,再撒上蔓越莓乾。

6 烤箱以170℃預熱10分鐘後,將裝有「蛋+鮮奶+吐司+蔓越莓乾」的烤盤放進烤箱,再以170℃烤20~25分鐘,待表面大約呈金黃色即可取出。

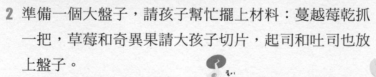

7 放上起司,待降溫後,再請孩子擺上
奇異果、鳳梨和草莓切片裝飾。

鳳梨罐頭

ㄑ起司ㄒ一

## 給媽媽的小錦囊

☆媽媽也許會問:「這個單元和作文有什麼關係呀?」

　當然有關係啦!親子一起做點心增添了回憶,回憶就是寫
作題材呀,而且讓孩子從小養成主動的態度,不論學習什
麼科目都能事半功倍。

☆媽媽相信孩子可以做得很好,孩子自然就會表現得積極。

　睡前在床上整理出孩子的想法,讓孩子感受溫暖,也讓孩
子的想法變得有邏輯,不知不覺又在自學作文的路上跨出
一小小步囉!

☆親子共讀美食介紹書:

　《世界飲食文化小百科》。作者:徐寶泫/繪者:陳維
霖、申東根/譯者:曹玉絢/出版社:聯經出版社。

☆最後，請孩子為自己做的點心取一個滿意的名字。

星哥和星妹討論出的結果是：紅綠燈麵包布丁。（孩子果然喜歡視覺上的驚喜）

☆當天睡覺前，和孩子聊聊收穫和想法——

「寶貝，今天做點心開心嗎？」

「我們下次一起做什麼點心呢？」星哥的答案是墨西哥捲餅。

「你最喜歡今天進行的哪部分工作呢？」

☆告訴孩子：「謝謝你，陪媽媽一起愉快地做點心。」

請寶貝畫一張點心圖，寫一句話，留在未來一起回味。

☆媽媽也可以為孩子做一套簡單的工作服。家，是孩子最適合的體驗場所。再次強調：別小看這樣的互動，一起做點心的過程，就是將來的回憶，回憶就是寫作的材料。媽媽陪孩子說說想法，整理起來是一段話，也是一篇短文：

我今天好開心，因為和媽媽一起做點心。我最喜歡把水果放到麵包布丁上的過程，加上各種顏色的水果點綴，看起來更好吃了。我希望下次可以和媽媽一起做墨西哥捲餅，妹妹希望媽媽幫她做一件圍裙。

## 飛天列車聯想遊戲

**說明** 會聯想，才能在寫作文時，很快地想到寫作的材料，
也才能延伸出精米。

**玩法** 這裡有一列飛天列車，只要在火車頭丟進主題，
就能串連出許多燃料，列車就飛進作文王國，不斷收穫。
請先看例子的說明，再進行聯想。

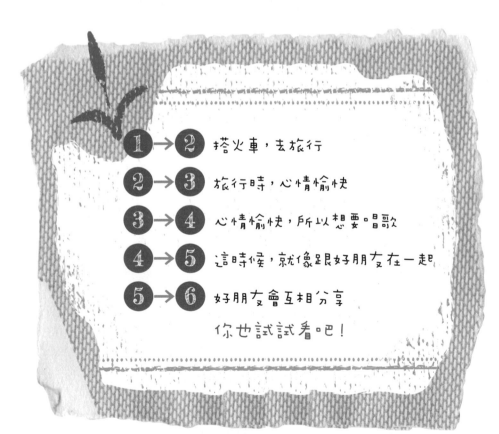

1 → 2 搭火車，去旅行

2 → 3 旅行時，心情愉快

3 → 4 心情愉快，所以想要唱歌

4 → 5 這時候，就像跟好朋友在一起

5 → 6 好朋友會互相分享

你也試試看吧！

 PART 3 生活中
隨處可得的養分

## 從親子間的對話，發現萬物有生命～
## 六個問題，開啟物體的生命

星哥小學二年級。那天，接孩子放學後，正要跨入公寓入口，媽媽不經意地抬頭，發現了一朵小紅花。

「咦？那朵花怎麼長在門簷上？」我說。

兩個孩子也跟著仰起小臉，星哥發現了：「是從二樓窗臺上掉下來的！」

是啊！二樓人家的窗臺上種了許多植物，其中有一盆裡有幾株紅色小花，那正是門簷上小花的來處。

「小花真調皮，一個人離家出走了！」我說。

「他不是調皮，他是不小心掉下去的。」星哥說。

「喔，他怎麼這麼不小心！」我的語氣故意充滿懊惱。

「風一吹，小花的種子會離開本來生長的地方，然後飛到別的地方長出新的生命。」星哥說出他在書上看到的知識，我接著說：

「哇！媽媽想到一個畫面：一群活潑的小種子舉高小手大喊著：『選我！選我！』。」

「他不是自願的，是他的媽媽希望他去開創新天地。」星哥說。

「他會想媽媽嗎？」妹妹問。

「如果是你，你會不會想媽媽啊？」星哥一副理所當然地說。

妹妹點點頭，我趕緊轉移孩子戀家的情緒：「你們有沒有發現，他有什麼特別的？」

「他的身體向前彎，他一定很想家，很想回到媽媽身邊，但是他忘記媽媽在哪裡了，所以一直往前看，結果身體都彎掉了。」星哥說。

好執著的一朵小花呀！

媽媽希望能引導出孩子的樂觀想法，於是問：「寶貝，小花離開家雖然會難過，但是，有沒有什麼好處啊？」

「他的孩子也會長到別的地方去。」哥哥說。

「他還會看到不一樣的風景喔！」媽媽說。

那天回家後，我和哥哥重新討論了這朵小花的故事。

**目 的** 學習有名的思考法──「六何分析法」，
也就是以「5W＋1H」的問題，開啟物體的生命。

## 利用「5W＋1H」去發現

● Who？誰？

小花。

● What？發生什麼事？

小花的種子了離開媽媽，也從此離開了家。

● When？事情發生在什麼時候？

在一個有風的早上。

● Where？發生在什麼地方？

風把種子帶到屋簷上，種子長出這朵小花。

● Why？為什麼？

小花的媽媽希望小種子去開創新天地。

● How？結果如何呢？

小花的種子雖然不願意，還是必須離開。在新家，種子長出小花，小花因為想媽媽，所以一直往前方看，他看得很努力，看到身體都彎掉了。有一天，他的孩子也會離開他。

陪星哥整理出他心裡的想法，媽媽感覺心暖暖的，卻不說出想法，我想有一天，孩子會自行發現吧：

寶貝，小花想媽媽，但，他的媽媽就在離他不遠的上方，凝望著他呢！就算小花永遠也不會知道，媽媽依然關注著孩子的一舉一動。

## 如何開啟物體的生命

1 大樹、椅子、馬路、小葉子……任何孩子生活中可見的物體都可以，不經意地說出感想，再引導孩子說出感覺。

2 請媽媽注意，故事取材自生活，作文本來就應該貼近孩子的日常，媽媽的幽默、感動、智慧都會感染孩子成為他的創意，做一個引導者，自己要先對這樣物體有所感觸。

3 帶孩子將這物體套進「5W＋1H」的問題。

4 最後，陪著孩子整理出這個物體的故事。

**小提醒**

很容易吧？例如：〈一朵小花〉、〈我是一朵雲〉、〈我家的貓〉、〈行道樹〉等題目，都可以利用擬人法發現取材的線索喔！

給媽媽的小錦囊

　　低年級的國語造句有擬人學習，但孩子寫造句常是為了寫而寫，當然也就很難運用在作文裡。媽媽可以在生活中，啟發孩子的情感想像，不但可以培養孩子的觀察視角、啟動孩子的思考馬達，媽媽也將探索到孩子的驚奇答案唷！

親子
互動時間

## 開啟物體生命的密碼

**說明** 請媽媽引導孩子，發現一個物體（小花、小草、汽車……），
將這物體套進「5W＋1H」的問題，最後，
陪著孩子整理出這個物體的故事。

誰？

發生什麼事？

為什麼？

結果如何呢？

事情發生在什麼地方？？？

事情發生在什麼時候？

## 從親子間的對話，發現事情的關鍵～掌握故事的因果

　　星期三放學後，星哥一看到媽媽就急忙說：「媽媽，你知道萱萱喜歡阿奇，然後做很誇張的事嗎？」

　　「她做什麼事？」

　　「她竟然跑去跟老師告狀說阿奇的壞話，然後再告訴阿奇是小香告狀的。」

　　「為什麼要這樣？」

　　「因為阿奇好像喜歡小香！」孩子激動地說。

　　「那有什麼關係？」

　　「哎呀！你看！這樣阿奇會誤會小香，不喜歡小香了，然後萱萱就有機會啦！」

　　「好像是喔！但這是誰告訴你的啊？」

　　「小香跟我說的。小香還說，當萱萱的朋友好辛苦，如果小香不聽萱萱的話，萱萱就會跟小香說：你讓我太難過了！我要跟你絕交！」

　　這是情緒勒索嗎？我好像聽到了小香無奈的語氣。

　　「那你怎麼回答小香？」

「我說這可能是家庭因素吧！萱萱很希望有爸爸也有媽媽每天關心她，但這是沒辦法的事。」

「小香的爸爸、媽媽也是沒住在一起，她也沒辦法每天看到爸爸又看到媽媽啊？」我提出疑問，小香和萱萱有類似的煩惱吧？為什麼沒有相同的表現？

星哥聽懂媽媽說的關鍵問題，也不解的說：「對啊，小香很會鼓勵別人，也不會威脅別人。」

我想起孩子教室後面的布告欄，孩子天真寫下的願望。

萱萱寫：升上二年級，我希望在班上得到所有人的愛。

小香寫的是：希望升上三年級大家都進步。

在這個富足且多元的時代，大多數的父母都願意花心思在孩子身上，我們可以相信，一個家庭若父母一方無法經常出席，孩子依然可以健康成長。孩子心裡的不安，在於主要照顧者沒有給予足夠的安定力量。

小香跟萱萱相處之後，發現萱萱常用情緒去控制周遭的人，自己也動輒受威脅，她會如何處理這段友誼呢？

星哥說：「我想萱萱是覺得，愛她的人都應該聽她的，才會這樣。」

媽媽點點頭，問：「你覺得愛是什麼感覺？」

「是很溫暖的感覺。」

「萱萱威脅朋友後，就算朋友聽她的，她就會覺得溫暖了

嗎？」

「可能不會。」

「為什麼呢？」

星哥聳聳肩。很多問題，沒有肯定的答案，但形成這問題的過程卻有個關鍵，這讓我想到了《阿倫王子歷險記》那本繪本。每個故事，總有個關鍵問題存在，而能夠敏感發現事情關鍵的孩子，也將會敏銳地處理文章的轉折，對於故事中的因果關係也較能掌握。

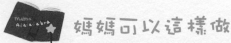 媽媽可以這樣做

**目 的** 說生活、讀故事，發現事情的關鍵，也掌握故事的因果關係。（以《阿倫王子歷險記》為例）

**❶ 讀故事，發現關鍵。**

小青蛙阿倫是媽媽口中的王子，阿倫也因此認為自己是王子，他傲慢、無禮，一心想到深山去尋找他的公主。因為這樣的關鍵，阿倫開展了一連串的冒險故事……

**❷ 從生活故事，察覺事情關鍵。**

生活中，存在許多關鍵，每個關鍵都會延伸出一段曲折或驚險的過程，轉折與結局的發展往往已經埋藏在一開始的問題中。在孩子的生活故事中，媽媽可以陪著孩子探索事情的關鍵，引導孩子掌握問題接續發展。

**❸ 回想繪本情節，練習說。**

帶孩子從繪本故事，學習揣摩事件的癥結和關鍵。以下的句子雖然簡單，卻可以讓孩子在閱讀中，養成掌握因果關係的習慣。

**小提醒**

＊先發現主角的做法，再說原因。

例：阿倫出發去尋找公主，因為他認為自己是王子。

（註：《阿倫王子歷險記》，作者：柏尼包斯／繪圖：漢斯比爾／譯者：劉守儀／出版社：格林文化）

例：花婆婆到處撒播種籽，因為她從小就答應爺爺，要做讓世界變得更好的事。

（註：《花婆婆》，作者（文圖）：芭芭拉‧庫尼／譯者：方素珍／出版社：三之三）

例：小珍珠也訂做一個假的小珍珠，因為她知道家人都不滿意真正的小珍珠。

（註：《真假小珍珠》，作者：方素珍／繪者：小蘑菇／出版社：親子天下）

## 給媽媽的小錦囊

　　針對孩子的分享，請媽媽投其所好就對啦！讓孩子變成一個樂意說生活故事的人，他也將學著發現藏在事件中的關鍵。當孩子總是歡喜的和父母傾訴，當不當小作家其實沒那麼重要了！

# 發現事件關鍵之打地鼠遊戲單

**說明** 和孩子討論下面幾隻地鼠表現的問題，
可能造成事件1或2的結果，在地鼠頭上的槌子寫上1或2。
也可以寫上事件3的結果，再想一想原因，
然後將原因寫在空白的地鼠身上。

事件 **1**
上學遲到

事件 **2**
和妹妹吵架

事件 **3**
＿＿＿＿＿＿ （由小朋友發想）

從親子間的對話，醞釀創意的思想～
守護孩子的真，也啟動五感的聯想

有一天，星妹陪媽媽去買早餐，經過小巷，她問我：「為什麼車子要停在車庫裡？」

「這樣車子才不會受到日曬雨淋啊！」

「我覺得車子可以停在屋頂上耶！」孩子說。

喔！我看著孩子的笑臉，彷彿也看到她腦海勾勒出的畫面。

沒想到，她接著又問：「為什麼屋頂叫屋頂？」

啊！如果屋頂不叫屋頂，天空不叫天空，海洋不叫海洋，馬路不叫馬路，那麼魚在天空優遊，車在海上行駛，鳥在馬路上飛……是啊，語言是約定俗成的，倘若人類的祖先仰頭一看，指著上頭叫馬路，指著人踩著的叫海上，車子就停在屋頂上啦！

看似被搞糊塗的邏輯，卻充滿孩子的創意，如果我們認定這樣的分享是胡思亂想，是沒意義的，也就無法進一步發現孩子延伸的點子，可能哪天要孩子寫個題目叫〈如果我有翅膀〉，孩子只能在心裡想：我哪來的翅膀？真是無聊的題目啊！

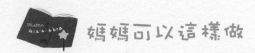 媽媽可以這樣做

 **目 的** 重視感官發現＋個人聯想，滋養孩子的語文能力。

## 滋養重點

1 重視孩子的感官發現：眼睛看到的、耳朵聽到的、鼻子聞到的、嘴巴吃到的、皮膚接觸到的，還有心裡感覺到的。

2 當孩子提出感官的發現＋個人的聯想時，媽媽要讓孩子感覺到，他的發表是很棒的。

3 如果孩子沒有進一步的聯想，媽媽則要引導孩子，問問孩子：「你覺得像什麼呢？」或「這讓你想到什麼呢？」

## 提醒

媽媽回應寶貝時，請保留孩子的真摯創意。例如：

**看**

「樹會掉眼淚嗎？」星妹問。

「不會吧。」我顧著開車，心不在焉地回答。

「我看到樹在掉眼淚，路邊的樹掛著燈泡，一顆一顆像眼淚。」星妹說。

「原來是這樣啊！」我覺得好抱歉，差一點就否決了孩子的發現。

**聽**

「咚咚咚！是誰在打鼓呀？」媽媽問孩子。

「咦？是下雨啦！」孩子可能這樣說。

「喔！原來是調皮的小雨滴在屋簷跳舞。」

## 嗅

「媽媽，你知道豬屎和雞屎聞起來有什麼不同嗎？」星哥問。

「我不知道哪裡不同耶！但我知道都很臭。」我笑說。

「雞屎的味道有一點像昨天那顆臭掉的皮蛋一樣。今天吃營養午餐的時候，我們學校附近的農家用雞屎當肥料，那個味道剛好飄過來，我就噁～」

「那豬屎呢？」

「我也不知道，可能像臭豆腐臭酸的味道吧？」孩子哈哈笑說。

## 味

「每次吃到便當裡的滷蛋，那種吃起來硬硬的滷蛋，我心情就很糟。」星哥這樣說。

「為什麼？」我開心地吃著便當裡的滷蛋，覺得滷蛋背負的責任太大了，它一定不知道怎麼會惹到這個小男孩了。

「因為上次去很遠的地方上營隊，你記得嗎？我第一節課就因為不小心，在上廁所的時候尿到褲子，結果一整天都很難過。」

喔！那是星哥一年級的暑假，他到一個陌生的學校上營隊，那裡沒有他熟悉的老師，也沒有他認識的同學。傍晚我去接他，他說學校的廁所太髒了，他上廁所時有一隻蜈蚣出現在牆壁上，他看了嚇一跳，就弄濕了褲子。他不好意思請帶隊的大學生哥哥幫忙，就這樣身體和心理都不舒服了一天，而那天中午，他吃到了便當裡硬硬的滷蛋。

是啊，味覺的記憶會讓我們聯想到曾經的經驗，不管是愉快的或難過的，都可能。

触

「下雨天真討厭，濕濕黏黏的感覺，讓我的心跳都快跳不動了。」
星哥說。

「如果不下雨是什麼感覺？」我問。

「覺得很方便，乾乾的空氣在四周圍，我覺得自己是比較自由
的。」

孩子直接的心情表達，也就是大人感受的：雨天帶來陰霾，
晴天讓人開朗。但是，為什麼孩子的語言總是充滿畫面？

寶寶出生後，透過與他人互動，開始學習語言，接著發現語
言能帶來方便和趣味。天生喜愛探索的孩子，有段時間總愛問：
「那是什麼？」

「是小鳥，是煙囪，是卡車……」

漸漸地，孩子學會字詞，開始運用句子，又有段時間總是
問：「為什麼……」

「為什麼月亮一直跟著我？」

「為什麼天空是藍色的？」

「為什麼爸爸的下巴有鬍子？」

針對孩子問題，我們可以反問他：

「如果沒有月亮會怎麼樣？」

「如果天空不是藍色的，你希望它是什麼顏色呢？為什麼？」

「如果鬍子不長在爸爸下巴，你覺得長在哪裡比較適合呢？」

然後，也可以鼓勵孩子針對自己內心的問題多嘗試「假設句」。或許因為這樣，媽媽會發現家裡原來有一個小小哲學家呢！

孩子的眼睛比我們大人敏銳，思想也比我們靈活，大人自以為的敏銳和靈活，大多是一種經驗和老練造成的直覺或主觀反應啊！

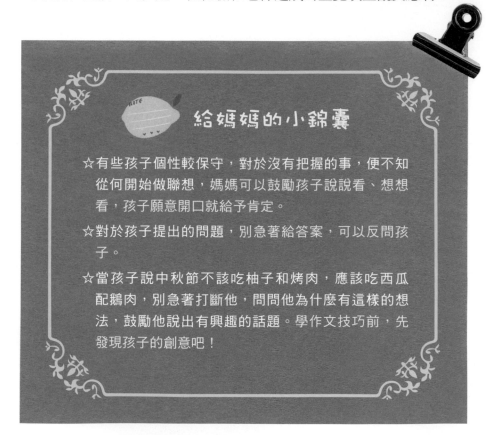

給媽媽的小錦囊

☆有些孩子個性較保守，對於沒有把握的事，便不知
　從何開始做聯想，媽媽可以鼓勵孩子說說看、想想
　看，孩子願意開口就給予肯定。

☆對於孩子提出的問題，別急著給答案，可以反問孩
　子。

☆當孩子說中秋節不該吃柚子和烤肉，應該吃西瓜
　配鵝肉，別急著打斷他，問問他為什麼有這樣的想
　法，鼓勵他說出有興趣的話題。學作文技巧前，先
　發現孩子的創意吧！

親子
互動時間　走在迷宮裡學摹寫

玩法　從「出發」處開始，再往合理的方向前進。

出發

冷風吹拂我的臉，
像打我耳光。

NO

好熱啊！

陽光親吻我的皮膚，
像針扎著我。

沙灘上，
遊客好多啊！

海潮唱著
歡迎歌！

聽！

花花綠綠的泳衣，
看起來真熱鬧。

蒼翠的青山
在歡氣！

彎彎曲曲的小河，
像藍色的絲帶。

NO

NO

迎著海風，踩著浪花，
大口舔著冰淇淋，
就算夏天像個大火球，
我也想投入他的懷抱。

到海邊

# 從親子間的對話，醞釀寫作的深度～
## 隨時隨地，玩觀察的遊戲

那天，我帶孩子搭捷運，兩兄妹靠著我坐著，突然，星哥緊張地搖我的手臂，我嚇一跳，連忙問他怎麼了？

星哥說他看了我好久，覺得我太奇怪了，身體動也不動的。原來他擔心我啊！我笑說，我眼珠有動，只是沒讓他發現。

後來，我告訴他，其實我在看前面那排座位上的乘客所穿的鞋。

「鞋子有什麼好看？很漂亮嗎？你也想買一樣的鞋子嗎？」星哥不解地問。

不是喔，我並非被哪雙鞋吸引了，但我對每雙鞋都感到好奇。

每個人喜歡的鞋子類型、造型、顏色不同，我可以從鞋子去發現它的主人的喜好，甚至猜想它主人的個性。這樣的觀察，可以幫助我表現文章的深度，在描寫人物或物品時，也會因為曾經有過觀察，而讓文字生動地表現出現實。

孩子無法完全聽懂。畢竟，我說的是我的想法，孩子需要的是有趣、可能的方法，另外，也要讓孩子覺得觀察是一件必要的、吸引他的事，那才有意義。

就像法國作家莫泊桑，他曾經察覺，自己筆下的人、事、物總欠缺特色，檢討後知道問題在於欠缺觀察，於是他開始積極地進行觀察。傳說，莫泊桑為了寫一篇和蒼蠅有關的文章，於是坐在公園裡好幾天，只為觀察「蒼蠅」，因為他相信每一隻蒼蠅都長得不一樣。

　　經過長時間的觀察、記錄和練習，莫泊桑克服了瓶頸，也成為法國的大作家。大師都不斷在精進，我們期待孩子進步，又怎麼可能一步登天呢？

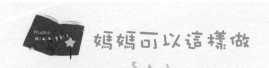

媽媽可以這樣做

**目 的**　有觀察才會有發現，透過觀察所發現的材料，才能組織成生動的文章。

### 讓孩子理解媽媽的發現遊戲

◆把孩子帶在身邊，事先跟他說媽媽要忙什麼事，可能是洗菜、整理舊衣或聯絡客戶……，讓孩子感受媽媽的心情、理解媽媽的狀況。

◆允許孩子穿上媽媽的衣服，學媽媽的姿態，玩「假裝我是媽媽」的遊戲。

小提醒

從小就能理解家人的孩子，將來寫出的文章較能展現同理心，也較能獲得讀者的共鳴。

## 用眼睛發現的遊戲

　　滋養重點：不管是在家裡的窗邊，還是外出的路上，請媽媽陪孩子看看雲朵、建築，只要有時間就和孩子溫和地說話，鼓勵孩子說說他的發現──

**1** 發現是什麼。媽媽先尋找一個值得和孩子一起討論的點。

　　例如：「哇！從我們家的窗戶可以看到龜山島耶！」

　　▲小提醒：這個點，必須即將產生變動。

2 發現**但是**。媽媽提醒孩子,將產生的變化。

例如:「但是,那棟大樓越蓋越高耶……」

3 發現**會怎麼樣**。接著問孩子的想法,幫助孩子找到他可以接下去的發現。

例如:「大樓越來越高之後,你想會怎麼樣呢?」

孩子可能回答:「以後,我們就不能在這裡看到龜山島了!」

4 發現**為何會這樣**。延續上面的問題,引導孩子思考原因,也是訓練孩子的邏輯。

例如:「你覺得,怎麼會這樣呢?」

孩子可能回答:「因為蓋大樓的商人想賺錢。」

5 發現**假如可以**。用如果,探索孩子的情感和期待,允許孩子的答案超脫現實。

例如:「如果可以,你希望怎麼樣比較好呢?」

「我希望我有魔法,拿魔法棒輕輕一點那棟高樓就會變透明,這樣我就可以每天看到龜山島了。」

6 發現**該怎麼辦**。從現實層面,鼓勵孩子學習面對困難,並思考方法解決。

例如:「你覺得,該怎麼辦呢?」

孩子可能回答:「雖然看不到龜山島很可惜,但我知道它就在那棟大樓的後面,它不會離開,我也可以到海邊去看它。」

找一個關注點——

→用「但是」，提出變化。

→問孩子，變化之後，會怎麼樣？

→請孩子想一想，為何會有這種變化？

→問孩子，如果可以，他希望怎麼樣比較好？

→問孩子，最後該怎麼面對這件事的變化？

## 給媽媽的小錦囊

陪孩子說話，引導孩子說出屬於自己的句子，可以提升思考能力，也能訓練理性思維，還培養了感性的創意喔！

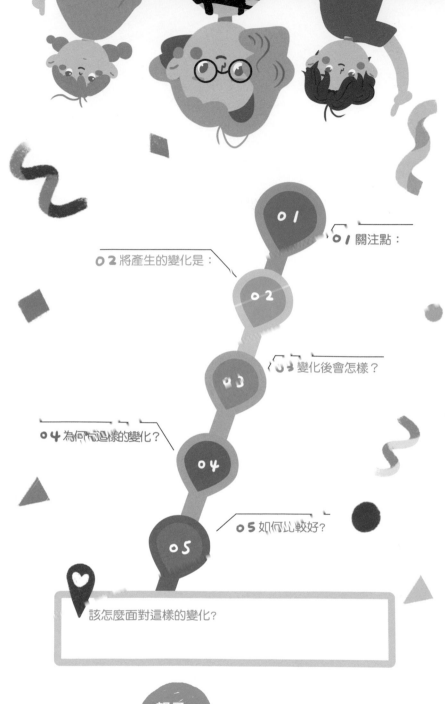

01 關注點：

02 將產生的變化是：

03 變化後會怎樣？

04 為何有這樣的變化？

05 如何比較好？

該怎麼面對這樣的變化？

親子
互動時間 觀察一下，動腦想想

說明 媽媽陪孩子找觀察點，再引導孩子想一想。

## 從親子間的對話，醞釀寫作的獨特性～打破刻板印象，讓孩子歡喜分享

男孩子不能在晴天打傘，不能在手腕印上愛心貼紙？

女孩子就應該輕聲細語，不可生氣咆哮、搗蛋犯錯？

現代母親有很大的困擾是，那些所謂的親戚、鄰居，甚至不相干的人，總會告訴你應該怎麼做才是「好」，就像《阿文的小毯子》一書中的「隔壁阿姨」，怎麼都看不慣並非他帶養的孩子，彷彿一句「我也是為你家孩子好」，就能以自己的標準指教他人的孩子。

媽媽呀，請相信自己，相信自己的孩子。我們並非鼓勵孩子特立獨行，只是避免用大人的標準綁住孩子的翅膀。

孩子的教養本來就沒有一定要怎麼做，才能造成哪樣的結果，很多時候，孩子的發展是水到渠成，只要父母耐心地陪伴、沉穩地牽引、正向地期待，就等於是用行動，鼓勵著孩子成為一個明辨是非、擁有主見，並以行動展現想法的人。

帶養孩子，能擁有清醒，保持客觀最好，無須排斥「專家」的言論當參考，但所謂的育兒寶典很容易迷惑認真的媽媽，不該越看越迷惑！再多的道理寫在書上，都只有四個重點：

1 孩子最需要的愛和教養，是父母的陪伴。

**2** 因為愛孩子，所以必須當一個有原則的父母。我們可以尊重孩子的特質，成就孩子長成他的本質，但如果讓一棵幼苗恣肆生長，那就叫放縱了。

**3** 把握原則之後，自己的孩子自己教，別人說什麼其實不重要。

**4** 原則即是：孩子的行為表現最終牽涉最大的是自己，對孩子有期待，不管是人格發展、學習相關，有期待就該想想方向，想好後，就是所謂的原則。

有原則就必須溫和、堅定地跟孩子說明，例如：「老師講課的時候，你專心聽課不搗蛋，並不是為了配合老師的要求做個乖孩子，而是尊重同學的學習權利，也是尊重老師的基本態度。」

孩子不只是是夢想家，也是是的模仿者，主要照顧者的態度，就是孩子的態度，而態度將成就孩子將來的發展。

父母有原則，身旁那些有意無意的關心，就不必過度理會了。孩子的世界不應該只有標準答案，而必須有更多引發他個人思考的鼓舞力量。

翻轉的年代，我們可以給孩子更多的發揮空間，媽媽可以跟著孩子一起學習，切勿用

制式的標準要求孩子遵循。當孩子願意分享的時候，請讓孩子歡喜地說，畢竟會說才會寫；當孩子不想和大家一樣的時候，聽聽孩子的想法，給孩子機會，就讓孩子勇敢地做自己吧。

畢竟，當所有的故事都只能依循大家認定的標準時，當大人只期待孩子成為一種乖巧模樣之後，這世界將不再豐富而精采啦！

 ## 媽媽可以這樣做

**目的** 在原則底下，支持孩子展開各種機會，讓孩子引發獨一無二的想法。

### 給孩子不聽話的機會

和孩子共讀《我想做壞事》這本繪本。問問孩子有沒有故意搗蛋的時候？有沒有故意跟大人唱反調的時候？為什麼要這麼做？

同理孩子的調皮，並且和孩子分享媽媽的經驗，再和孩子討論「有心之過」與「無心之錯」的差異。

### 給孩子與眾不同的機會

問問孩子，生活中，他有沒有與眾不同的時候？這時候，他感到開心、還是困擾？

給孩子支持的聲音，只要沒有侵犯團體或同伴的權益，請孩子不用擔心自己和他人不同。

### 給孩子勇敢被嘲笑的機會

跟孩子分享媽媽曾經被取笑的經驗和心情，請孩子說說他的

想法。

　　當孩子受到取笑時，請媽媽擁抱著他，告訴他，有時候我們被取笑，是因為我們可愛或特別，大方地面對嘲笑，別人也會對我們另眼相待。

## 給孩子不合群的機會

　　團體活動固然需要個人的支持，卻不該要求每個人都死板的配合。當孩子無法合群時，請媽媽耐心地了解原因，支持孩子表現團結，卻不強迫孩子壓抑配合。

　　當孩子有不一樣的看法或需要時，鼓勵孩子說出來，告訴孩子，很多科學家都因為敢反對眾人既定的思維，才能有新的發現。

## 給孩子失敗的機會

　　孩子是在失敗中學習的，告訴孩子「勇敢嘗試，失敗了也沒關係」，只要清楚失敗的原因，耐心學習，就有機會達成目標。

## 給孩子學習尊重和負責的機會

　　告訴孩子：允許以上這些機會的前提是，請孩子做一個尊重他人的個體，並且學習為自己的行為負責。

**給媽媽的小錦囊**

☆當媽媽掙脫了刻板，不迎合他人期待，只真心實意地做自己，孩子才有勇氣說出他心裡真正的想法。

☆會說才會寫，重視孩子的分享，孩子說的，就是他的想法和情感，這也是簡短的口述作文了。針對孩子的分享，媽媽整理後再用同理的口吻說給孩子聽，對孩子而言，也是條理訓練喔！

例如：「原來你是這樣想的啊！如果你不認同老師的話，可能會挨罵，於是你在老師一而再地詢問下點頭了，但是你內心真正的想法是……」

☆親子共讀：

《我想做壞事》。作者：澤木耕太郎／繪者：三角芳子／譯者：黃惠綺／出版社：親子天下。

《不一樣的上學日》。作者：柯林 麥克諾頓／繪者：北村悟／譯者：林滿秋／出版社：上人文化。

《外婆和奶奶》。文圖：艾蜜莉 阿諾 麥考利／譯者：劉清彥／出版社：親子天下。

《失敗了也沒關係》作者：宮川比呂／繪者：藤田陽生子／譯者：朱燕翔／出版社：臺灣東方出版社。

親子
互動時間 **讀繪本，說想法**

親子共讀以上的任何一本繪本，
請孩子畫出代表這本繪本的圖像。接著，說一說想法。
媽媽也可以自選適合的繪本，
目的是引導孩子從「主角特別的表現」，想想自己也可以做哪些事。

## 從親子間的交流，醞釀寫作的幸福～ 愛要說出來，為孩子寫信

那一年暑假將近尾聲，眼看星哥要上小學了。我知道，從此，我的小小孩，不再是幼兒，他將學著長大，漸漸脫離我的保護……當母親的心情常是複雜的。或許，在親子攜手之路上，更該學習獨立的，是我自己。於是，我將心情化成文字，寫給孩子，寫給自己，也寫給歲月。

小寶：

當你住在媽媽肚子裡的時候，我叫你小寶。現在你聽來很陌生吧？你喜歡我叫你寶貝，習慣在睡前告訴我：「媽，我愛你。」

今晚睡前，你說你有點擔心，關於上小學的時刻來臨。這是必經的過程，早在一年前，媽媽便開始跟你說著，給你心理建設：「有一天你要讀小學，當那一天到來，你會勇敢，對吧？」

我知道你會的。但媽媽心裡卻早早湧上了複雜滋味，在這個等著小一入學通知單到來的時候。

孩子，我寶貝的孩子，這只是開始，有一天你會告訴媽媽，別叫你寶貝了，你長大了。

孩子，我親愛的孩子，這開始之後，媽媽不再是你的全世界，你有了自己的小天地。

孩子，我的孩子，媽媽將驚喜地看見你成長。未來會有許多

驚奇等著你發現，也會有很多冒險讓你心驚，只要你回頭便能看見媽媽微笑著守護你的眼神，你知道嗎？

在你還小的時候，媽媽看過一個當媽媽的老師寫的一篇文章（註一），那時候已知道她的心情也會是我的，因為我也將交出我的孩子。我的擔憂、我的焦慮，都因為這孩子原本是我一個人守護著的，我用我所有的時間、所有的關愛，守護這樣一個孩子，你信任我、依靠我，現在我要將你交出去了，我多麼希望，未來你走上的每一步，經歷的每一條路，交集的每一個人，都是你可以踏實、可以信任、可以依靠的啊！我知道你會勇敢，但我不知道，你的勇敢會是受滋養、受等待、受關照之下培養的，還是被迫於衝突和追趕的環境？

未來，哪怕是突來的一陣風，或你每天路經的一盞燈，我都以最虔誠的心意拜託，請關照我的孩子啊！

這樣的小心請託，不是過度愛護，不是擔憂你冒險，不過是一個母親單純的期望，期望我的孩子可以永遠保有他對世界的美好認識，保有他純真的心地，可以讓他遠離莫須有的傷害。

孩子，我的孩子，你說媽媽的身體總是暖暖的，不管什麼時候。請你永遠記得媽媽輕握你的小手走過的許多路，那時候你很安心吧，當媽媽不在身邊的時候，你要知道，這樣的溫度也會陪伴著你。走錯了路，不要慌；遇錯了人，不要怕。只要你堅定，對的路就會出現；只要你無懼，錯的人就傷不了你。那麼，你的成長之路將不再讓媽媽焦慮，我會欣然看著你茁壯，就算不能再擁著你喚寶貝，我知道你知道，我永遠寶貝著你，你也知道我知道，你永遠會愛我。

好愛好愛你的媽媽

（註一）張曉風女士的〈我交給你們一個孩子〉。

## 媽媽可以這樣做

目的 對孩子表達愛意。愛，是學習作文的最美好養分

**請跟孩子說說愛。**

　　孩子能跟家人表達愛，是因為父母也總是跟他談情說愛。

**偶爾當怒吼媽很正常，但該跟孩子說抱歉的時候，就真誠地請孩子原諒。**

　　孩子的心會柔軟，是因為爸爸、媽媽一直讓他感覺溫暖。

那一年，星哥上小學一年級後，在學校，畫了許多心情給我……

偶爾對孩子產生情緒，不小心變成怒吼媽了，沒關係！但事後，該跟孩子說抱歉的時候，就真誠地請孩子原諒。這不只讓親子之情更綿密，也能讓孩子發現感動，甚至是維持孩子情緒穩定的關鍵。

**對於孩子分享的心情，要避免批評和嘲笑，只有肯定和接受。**

期望孩子能夠抒發自己的情感，我們要做的，是讓孩子習慣說出心情，從開始接觸文字開始，就鼓勵孩子寫下給家人的話，如此已經是奠定抒情能力的基礎囉！

一直到現在，兩年多過去了，偶爾他會在我忙碌時，送來一張禮物，裡面畫著他想對媽媽說的話。往往，當孩子只有畫沒有話，也只有媽媽能讀懂他的心意了。

# 給媽媽的小錦囊

　　每個媽媽都是獨一無二的，有些媽媽很豪氣，有些媽媽很纖細，但只要真誠地將情思傳遞給孩子，不管是活潑、好動的寶貝，還是細膩、敏感的孩子，都能回報給媽媽滿滿的愛。就算無法寫下對孩子的愛，媽媽也可以展開雙臂，給孩子溫暖喔！

親子
互動時間

## 親子說出愛

**說明**　媽媽和孩子輪流說。

Ⓐ 媽媽還記得孩子出生的那天嗎?告訴孩子，有一天他來了，媽媽的心情是如何？ 那天的情況又是怎樣的呢?

Ⓑ 孩子能想到的最早的記憶，是媽媽為他做什麼事呢？現在想起來，有什麼話想對媽媽說？

Ⓒ 請媽媽說出一句想對孩子說的真心話，可能是「我真的謝謝你來當我的孩子」、「我真的好擔心你啊」、「我真的覺得好幸福，你帶給我許多美好的回憶」……

Ⓓ 請孩子回應媽媽，說說關於現在或未來的希望。

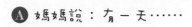 **A** 媽媽說：有一天……

**B** 孩子說：我記得……

**C** 媽媽說：我真的……

**D** 孩子說：我希望……

## 從親子間的對話，醞釀寫作的情緒～
## 有沒有一首歌，讓孩子想起誰

一個平常的假日，星爸開車，我和孩子在後座，突然，廣播響起熟悉的旋律，原來是〈甜蜜的家庭〉。

星妹難過地說：「我不想聽這首歌……我好想哥哥。」

星妹說，她想念的是一年級的哥哥。那時候的哥哥，常常拿著陶笛吹〈甜蜜的家庭〉這首曲子。

我了解。我也是這樣啊！因為某個旋律而想起過去，想起那些曾經的人、曾經的時光，然後感到懷念或感傷。

但是一向敏感的星哥竟然不懂，他呵呵笑說：「我就在這裡，你幹麼想我啦！我回家再吹〈甜蜜的家庭〉給你聽。」

「不一樣啦！」星妹說。

我點頭，兩年前的星哥多嫩啊！在小學校園中，是小小鮮肉一隻，那稚嫩、天真的模樣，真可愛。有天，小小鮮肉還問我什麼是「暖男」，因為女同學說他是暖男，那個小小男孩總讓人感到溫暖，連媽媽也覺得隨時要融化在他的溫柔裡。

現在呢，他和人對談，偶爾將雙手插進褲袋，侃侃而談的模樣像個小小大人，小小鮮肉變成滑蛋牛肉了，雖然每天還跟妹妹跟媽媽親暱地玩在一起，但我們都知道，他離「可愛」這形容越來越遠了。

當媽媽的人，總有心情複雜的時候，期待孩子向陽生長，樂見孩子獨立成長，卻也不免感嘆時光荏苒，如流水一般的親子時光在指尖滑逝，因此更把握著相處的分分秒秒……

相信，媽媽和寶貝共創的回憶會等在未來，讓彼此想著就幸福吧！

但誰能喚起那些美好時光呢？

有一種不合邏輯的悸動潛藏在我們的記憶中，可能是一股熟悉的氣息、一道喚醒味蕾感動的品嘗、一幅似曾相識的景象，或如星妹被喚起的聽覺記憶。因為一首歌，她想起可愛的哥哥，也想起曾經的甜蜜時光。

  媽媽可以這樣做

**在孩子學習落筆前，先帶孩子啟動感官的觀察和感受能力。**

用音樂或故事，滋養和豐富孩子的生活。有天，當他聽到某一首歌、讀到一段熟悉的情節，潛藏的記憶被喚性，文章也將在他感動的心情下成形了。

**旅行時，讓孩子帶一本書或選聽他喜歡的音樂。**

告訴孩子，這是他選定的旅遊書，或旅行音樂，日後，孩子看到這本書，聽到這音樂，也將想起這段旅程上的幸福時光，這樣的回憶將是珍貴的寫作材料和能量。

# 給媽媽的小錦囊

　　人的感官記憶很神奇！在孩子尚未發現這祕密之前，媽媽就可以帶孩子儲存記憶了，有天，孩子自然會發現感官的神祕任意門。

親子
互動時間

## 聽回憶

**說 明**　有沒有一首歌，讓孩子一聽到，就能跟著哼呢？
　　　　如果沒有，請媽媽想想，在孩子更小的時候，曾經聽過哪些兒歌？
　　　　找一首「陪過孩子」的歌，放給孩子聽，讓孩子畫出：

Ⓐ 想到的人。
Ⓑ 想到的物品。
Ⓒ 想到的景象。
Ⓓ 感覺到的色調。
Ⓔ 其他聯想到的事物。

最後，說說這首歌帶來的想法或心情。

# 從親子間的對話，釐清孩子的喜怒哀樂～
## 有情感才寫得出感人文字

　　星哥三年級參加戶外教學，我在放學時間等在停車場，遊覽車停靠後，孩子一一下車，我拉長脖子卻看不到熟悉的身影。

　　星哥是全車最後一個下來的孩子，那落寞的神情讓我驚訝地想：出去玩回來，為什麼不開心？

　　他默默地坐上我的車後，我忍不住問：「怎麼啦？」

　　星哥搖搖頭。一直到了家門口，他終於說了：「媽媽，我很難過⋯⋯」

　　「我在遊覽車上看卡通⋯⋯我看到一隻貓叫魯道夫，牠本來是一隻家貓，因為偷吃魚被打，牠跳到一輛車上，那輛車把牠載到好遠的地方，然後牠就這樣離開主人了，牠的主人本來很愛牠。牠到處流浪，遇到很多辛苦的事，有一天他終於回到主人的家，但是牠發現，主人已經又養一隻貓了，所以牠又離開了⋯⋯」

　　「你為什麼難過呢？」我沒看過這部卡通，只能根據孩子的描述想像畫面。

　　「我想到Kiki，如果牠像魯道夫一樣去流浪，怎麼辦？」孩子哀愁地說。

我明白了，Kiki是我們家的貓，孩子將自己的情感投射在卡通情節上，這聯想牽動他的心，讓他難過又擔心。

　　孩子的小小世界，經常有許多震撼和波折，如果我們能抽絲剝繭，便能發現孩子小小的哀愁是如此動人。而生活延伸出來的故事，更有許多動人的情節，可以讓孩子收穫。

　　隔天夜裡，星哥臨睡前說：「媽媽，我還是很怕魯道夫那個故事。」

　　喔，我想孩子不是害怕「那個故事」，而是投射其中的感情無法找到出口，也對沒看完的卡通存有許多想像……如果他知道故事的結局，魯道夫在流浪中學會獨立，心情將不同吧？

　　接下來的星期三早上，我趁孩子放學前，先到圖書館借了卡通的原著，也決定下午再和孩子好好地聊聊。

　　我們大人常聽見「療癒」這字眼，生活中經歷的挫折、離

別、疲憊累積出的負面、傷感、萎靡情緒，必須用方法去平復，這是療癒的過程。

但是，孩子不懂什麼是療癒，只是本能地想逃離害怕。假設，孩子不敢說、不知道怎麼說、不確定說了有沒有用，這些害怕被擱在孩子的心底，隨著時間埋在心深處……或許，就成了日後情緒上或親子關係上，無解的難題。

因此，趁孩子還小的時候，引導孩子說出負面的情緒，陪著孩子紓解心中的鬱悶，不只有助孩子發現自己的情感，學習抒情寫作的線索，更是強健孩子的情商。

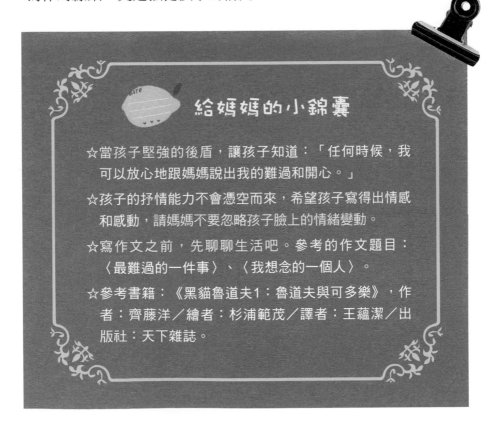

**給媽媽的小錦囊**

☆當孩子堅強的後盾，讓孩子知道：「任何時候，我可以放心地跟媽媽說出我的難過和開心。」

☆孩子的抒情能力不會憑空而來，希望孩子寫得出情感和感動，請媽媽不要忽略孩子臉上的情緒變動。

☆寫作文之前，先聊聊生活吧。參考的作文題目：〈最難過的一件事〉、〈我想念的一個人〉。

☆參考書籍：《黑貓魯道夫1：魯道夫與可多樂》，作者：齊藤洋／繪者：杉浦範茂／譯者：王蘊潔／出版社：天下雜誌。

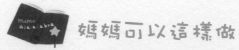

# 媽媽可以這樣做

**目 的** 有感動才寫得出情感，教孩子說出難過。

**滋養重點：請依照下面的步驟陪孩子練習說心裡的情緒，這也是進行口述作文喔！**

**❶ 引導孩子說出陰霾。**

教孩子這樣說：我很難過，因為誰（或什麼事）……。

**❷ 讓孩子釐清自己究竟為何擔憂。**

教孩子想原因：我很擔心，因為故事裡的貓讓我想到……。

**❸ 教孩子從電影或他人的事件，發現自身的情感投射，並且找到生活連結。**

請孩子說回憶：有一次，我們家的貓躲起來，我以為他從陽臺跳走了，那一次我很難過，都不知道要怎麼辦。

**❹ 教孩子用比喻把心情具體形容。**

請孩子比喻，難過是（像）什麼樣的感覺：難過的時候我都不想講話，就像電影裡的貓，牠難過得耳朵都垂下來了……像一朵不能隨風飛高的烏雲。

**❺ 引導孩子釐清自己的情感線索。**

讓孩子說出期待和希望：我想知道電影裡的貓有沒有再回到主人身邊？我希望我們家的貓永遠不要離家出走。

**說 明**　請孩子在耶誕樹的每一層寫下或畫下想法，
並在頂端畫出代表心情輕鬆的物品或表情。

**小 提 醒**

不要強迫心情愉
快的孩子「說難
過」，只在孩子
難過時引導出想
法。

我希望……

難過的感覺就像……

我想起……

我很擔心，因為……

我很難過，因為……

## 〈難忘的一天〉

那一天豔陽高照，我們一家人決定去牛鬥玩水。

到達目的地以後，我和妹妹迫不及待的跳進水中，哇！水好冰啊！我們在水裡又跳又叫，玩了一陣子之後，爸爸說要教我游泳。一開始，我被爸爸抱著，在水裡感覺膽戰心驚，根本沒辦法掌握漂在水面的技巧。這時候，爸爸發現一隻蟾蜍，爸爸說：「蟾蜍游泳的姿勢非常正確，你可以學牠。」然後，我仔細的觀察蟾蜍游泳，雖然覺得很有趣，但我還是不會！

後來，爸爸想到了辦法，他要我先學憋氣。剛開始，我只能憋氣兩秒，但是經過不斷的練習，我終於能夠憋十秒了，我覺得好有成就感啊！於是我請爸爸再教我浮在水面的方法。一次又一次的練習以後，我發現，頭要埋進水裡，身體自然就浮起來了，難怪爸爸要我先學憋氣。

經過一個下午的練習，我終於學會游泳的基本技巧了，讓我好開心哪！這真是讓我難忘的一天。

**給媽媽的小錦囊**

☆將生活影像沖洗成照片，就算一次的行程只有一張照片，也能幫助孩子發現過往足跡。

☆教孩子寫作之前，先讓孩子學會自信地說生活，這是培養孩子的敘事能力。常常拿出家庭相簿，和孩子一起說說生活的故事和回憶。這樣的動作等於是，將寫作材料儲備在孩子的腦袋中。

☆當孩子學會說生活故事以後，請鼓勵孩子寫成文章。會想、能說，表示孩子已經掌握寫作的材料和敘述方法了，若不嘗試寫，可能演變成「會說卻不會寫」！讓孩子嘗試動筆，孩子才能獨立完成文章，並獲得成就感。有了嘗試和媽媽的鼓勵，孩子也才會習慣和喜愛寫作這件事喔！

☆當媽媽的觀念是：寫作不是功課，而是生活的記錄和情感的抒發。孩子也才能在自學作文的過程，慢慢感受到：文字可以是個人的回憶，也將是感動他人的故事。

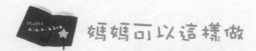

## 媽媽可以這樣做

**目 的** 用生活照發現創意的故事。

**流 程** 先和孩子討論出線索。→再請孩子動手剪貼。
→最後口述或寫下故事。

### 從相片討論故事線索

1 用A4印出10～20張照片。

2 選出主角。
幼小或低年級的孩子,建議他們以自己當主角。

3 決定以哪張照片當「開始」。
能代表「出發」的圖像比較好發揮。

4 從相片中找出一個「關鍵」的人、事或物。
依照孩子關注或討厭的點尋找。

例如:星哥和妹妹關注照片中的貓。

5 從「開始」和「關鍵」發想主題。
開始＋關注＝準備做什麼事＝主題

例如:星哥和星妹決定的主題是:蘇菲亞和羅倫去拯救
貓。因為星妹喜歡《小公主蘇菲亞》系列的故事,所以
決定借用這兩個名字。)

6 透過主題發展創意,把相片剪下來重組。

# 剪貼、重組照片

**工具：剪刀、白膠、大海報紙、色筆。**

作法

**1** 將主角剪下來，和其他相片重組，形成一個代表「出發」或「開始」的圖片。或在原有相片中加入一些新的圖像。

**2** 根據討論出來的故事線索，決定用哪些相片來表現，並決定圖片的順序。接著，將相片裡的人或物剪下來重組。

**3** 將剪貼完成的照片照順序排好，依照開始→過程→結果的架構，試著說出主題發展。

**4** 再次做統整，將重組好的圖片依照故事發展順序，貼在大海報紙上。

**5** 請孩子說說看，也可以把故事寫在圖片旁。

以下是星哥和星妹討論出的故事，哥哥將故事寫在圖片旁了。

一、蘇菲亞和羅倫要去拯救國王的愛貓，聽說貓被山妖捉去了，只要擁有這隻貓就能統治天下。

二、他們在路上遇到一個快餓昏的老婆婆，就跟老婆婆分享饅頭，老婆婆送他們一盆仙果。他們吃了仙果，就神奇地發現仙境。神仙還賜給他們一架「心想事成飛行傘」。

三、他們飛過波濤洶湧的大海，慢慢地降落在湖邊，天鵝在那裡等著他們，並載他們過湖。

四、到湖的另一邊，天鵝要他們往湖邊的山妖洞穿過，果然妖怪在那裡等著。

五、妖怪拿出兩杯飲料要他們選，喝對了就能救小貓，喝錯了會變成貓精。

六、聰明的蘇菲亞要山妖也喝一杯，山妖答應了。結果蘇菲亞和羅倫喝對了，他們趕快去救小貓；喝錯飲料的山妖變成一隻聽話的老虎，載他們回國。

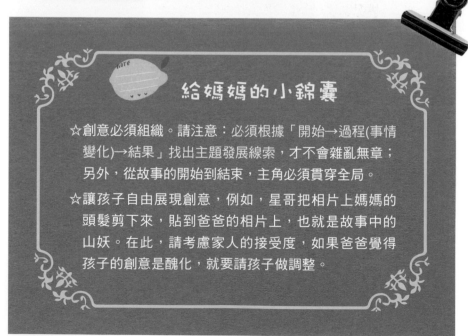

NOTE

## 給媽媽的小錦囊

☆創意必須組織。請注意：必須根據「開始→過程(事情變化)→結果」找出主題發展線索，才不會雜亂無章；另外，從故事的開始到結束，主角必須貫穿全局。

☆讓孩子自由展現創意，例如，星哥把相片上媽媽的頭髮剪下來，貼到爸爸的相片上，也就是故事中的山妖。在此，請考慮家人的接受度，如果爸爸覺得孩子的創意是醜化，就要請孩子做調整。

# 發現故事線索

**說 明**　請媽媽影印照片，引導孩子發現照片裡的故事材料，
再根據材料編故事喔！

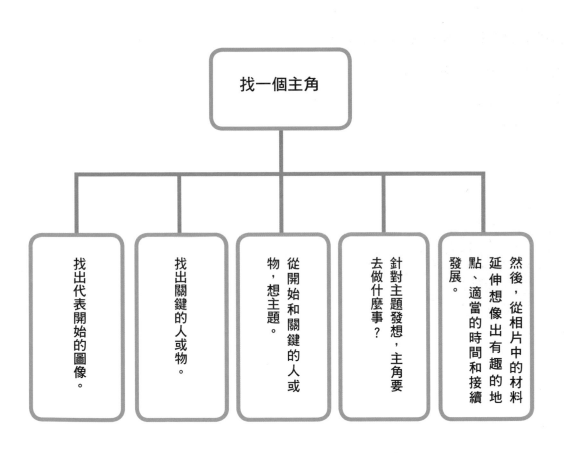

找一個主角

找出代表開始的圖像。

找出關鍵的人或物。

從開始和關鍵的人或物，想主題。

針對主題發想，主角要去做什麼事？

然後，從相片中的材料延伸想像出有趣的地點、適當的時間和接續發展。

## 聯想有方向，作文好發揮～
## 選定主角，擬人自述

冬天的早晨，我穿上外套，伸手進口袋……咦！輕輕捏著如紙般的東西，我攤手一看，就這樣想起一個月前的事——

那天我們到臺南，首站是長榮大學，我趕著去熟悉比賽會場，心情緊張又不安，星爸陪著孩子在校園裡跑跳。當我走出會場，遠遠地，便看見我熟悉的身影，孩子也發現媽媽，歡喜地跑過來，笑嚷著：

「媽媽，你看，這是臺灣欒樹的花喔！」

我笑著將孩子送上來的「花」收進口袋裡，然後壓根兒忘了這件事。

在口袋發現「小花」的下午，我問星哥記得「花」的名字和來處嗎？

他說記得啊！我也才檢討起，當時，我並沒有專心地接收孩子的分享。是不是有很多時候，媽媽總忙想著將進行的下一件差事，而忽視了孩子的天真和善意呢？

幸好，孩子的貼心，為我留下當時的紀念，孩子也總是不計

較媽媽忙碌時，對他們表現出的心不在焉。

「這是臺灣欒樹的蒴果，不是小花喔！」我說。

星哥點點頭。

我問：「你對臺灣欒樹有什麼認識呢？」

孩子搖了搖頭。

「臺灣欒樹是宜蘭的縣樹，有人說它的蒴果就像小燈籠一樣，還有……」

孩子無法寫出豐富的文章，是認識不多、了解不廣，因此無從聯想。經過媽媽的解說，星哥說下次看到臺灣欒樹，他會聯想到燈籠、橘色、臺南、宜蘭、溫暖，他覺得這幾片跟我們回家的蒴果想說：「我想念臺南，因為我本來長在長榮大學的臺灣欒樹上面，雖然我離開了樹媽媽，我還是希望跟我的兄弟姊妹一起落在草地上，跟大家一樣守護家鄉的土地。」

我們也趁這個機會，玩起擬人自述的聯想遊戲：

星哥非常喜愛他的新鞋，他希望從這雙鞋子來發揮，於是我陪他完成了聯想圖。

對於幼小的，或不愛手寫的孩子，鼓勵他用口說或畫圖做介紹。

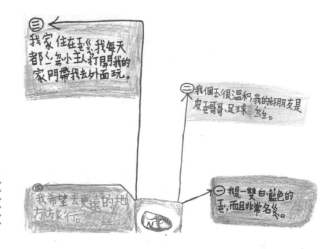

## 媽媽可以這樣做

**目 的** 以孩子喜歡的物品，學習擬人自述。

1 請孩子選一個自己喜歡的題目（主角）。

2 請孩子將這樣物品畫下來，假設自己就是這樣東西，
然後做以下的介紹：
①我的長相（外表）
②我的個性（內在）
③我的好朋友有誰（或是和主角相關的物品）
④我家住哪裡？每天會做什麼事？
⑤我有什麼希望？

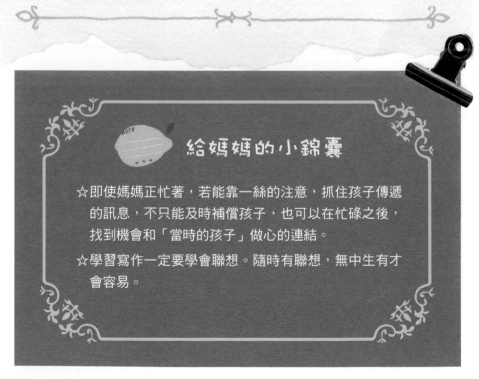

## 給媽媽的小錦囊

☆即使媽媽正忙著，若能靠一絲的注意，抓住孩子傳遞
的訊息，不只能及時補償孩子，也可以在忙碌之後，
找到機會和「當時的孩子」做心的連結。

☆學習寫作一定要學會聯想。隨時有聯想，無中生有才
會容易。

**說明**　請針對一種動物或物品，進行擬人化的聯想，
最後用牠（它）的立場說出自我介紹。例如：

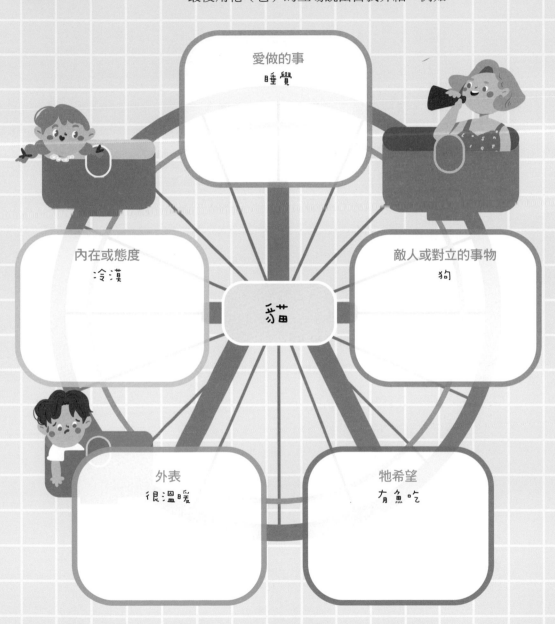

愛做的事
睡覺

內在或態度
冷漠

敵人或對立的事物
狗

貓

外表
很溫暖

牠希望
有魚吃

試試看從「外表」、「內在」、「喜歡的事」、「對立的事物」、
「希望」這些條件去聯想，也可以從「它來自哪裡」、「它像什麼」、
「它好像在說什麼」……去發想，重點是：幫它(牠)自我介紹。

# 選一個敘事人稱，開啟小作者的視角

冬天的早晨，陽光難得露臉。

送星哥上學以後，我和星妹來到廟口的小攤吃米粉羹，突然，我看到一輛貨車在馬路中央停下，有個壯碩的年輕人下車，他走到貨車後面查看一輛停靠路邊的計程車，接著，他掏出手機打電話。

回家後，我用個人的視角告訴星哥事件的經過。

「他為什麼要下車？」星哥問。

「他擦撞到路邊的車，那輛計程車的照後鏡掉下來了。」我說。

「好倒楣喔！」星妹叫。

「誰倒楣呢？」我問。

「計程車的主人啊，他的車被撞到了。」哥哥幫妹妹說。

「但是他的車隨便停靠路邊，又超越路邊白線，就算沒有被撞到，也造成其他駕駛的困擾了。」我說。

「喔，那個開貨車的人怎麼會知道他的電話？」星哥問。

「那輛計程車的擋風玻璃上有一張寫著電話號碼的卡片。」我說。

「媽媽，我覺得開貨車的人很有責任感耶！他做錯事沒有趕快逃跑，反而勇敢去面對，就像那個砍倒櫻桃樹的偉人。」星哥說。

「美國總統華盛頓嗎？」

「對！很多人做錯事都會想說謊，還有趕快逃走，但是他們沒有。」

「如果是你，你會怎麼做？」我問星哥。

「我不會逃跑，但我會很害怕。」

「害怕是正常的。但是你想喔，貨車駕駛把計程車的主人找來，看要賠償，還是找警察來評斷誰對誰錯，事情馬上有結果，他可以馬上負責。如果他因為害怕逃走了，而車被撞到的人去報警，你想會怎麼樣？」

「逃跑的人會提心吊膽，擔心自己被警察抓到。」

「對，而且到時候，他的車都移走了，現場的情況已經看不到，本來停靠路邊的那輛車也有錯，但是最後證據不見了，大家只會認為撞到人家車又逃走的人最不對，這樣有比較好嗎？」我試著用孩子能懂的話，把後續可能發生的問題解釋清楚。

孩子聽了搖搖頭。我想這是很好的機會教育。

最後，星哥和星妹根據媽媽的描述，畫出他們想像中的當時畫面。

星哥給這張圖一個主題：馬路中的障礙。

星妹的畫沒有哥哥的成熟、清楚，卻讓我感覺真實、可愛，她很積極地想表現出媽媽傳遞給她的畫面，我也在圖畫中，看見了她的想像。

孩子完成想像圖以後，就是媽媽講解「敘事人稱」的時機了。

**媽媽可以這樣做**

**目的** 啟動不同的視角，讓敘事人稱變變變！

**1** 將自己的生活發現說給孩子聽，和孩子討論當時的情景和延伸的想法，也可以當成難得的機會教育。

・多問孩子「你想會怎樣？」「你覺得呢？」

**2** 請孩子想像當時的情景，或畫下當時的場景，並且給這個事件下一個主題。

**3** 請孩子選自己畫裡面的一個人物當主角，例如「馬路中的障礙」這幅圖中，星哥選了開貨車的年輕人當主角，也就是戴橘色帽子的人。

**4** 告訴孩子：敘事人稱有三種。

「我」是第一人稱，「你」是第二人稱，「他」是第三人稱。

孩子說故事常用第一人稱和第三人稱，第二人稱可用於對話中。

**5** 請孩子決定用何種人稱敘事。接著，以自己決定的敘事人稱說這個故事。

## 給媽媽的小錦囊

☆作家廖玉蕙老師曾在她的書中提到，她的寫作啟蒙來
　自母親，因為母親喜歡看小說，童年的廖老師必須幫
　忙跑腿借書，因此跟著愛上閱讀……看多、想多，加
　上自己的追求，一位大作家於焉成就了。

　媽媽對孩子的啟蒙不可忽視！就算媽媽不常閱讀，只
　要常常和孩子聊生活，討論彼此的想法，給孩子機會
　陳述事件的經過，也是引導孩子往寫作的路上出發
　了。

☆讓孩子看看其他孩子的畫，或許能看到孩童共有的趣
　味，也激起孩子想畫個故事的念頭。

• 注意，這個畫必須是有想像的，有劇情的，可以用來
　敘事的。

親子
互動時間

# 看圖說故事

說明 以下為星哥發想的畫面，一位從事回收的老婆婆跌坐馬路中間，整條馬路上到處散落著回收物品，瞬間造成交通阻塞。

圖畫中，除了回收老婆婆，還有攤販、開車的人、從屋裡探出頭的人……請孩子選一個人物，再用他想嘗試的人稱說說故事。

媽媽可以給孩子一個小難題，假設孩子是左上角騎腳踏車的小男孩，他發現回收的老婆婆竟然是他的奶奶！劇情接下來會怎麼發展呢？

# 有觀察才有體會～
## 菜市場也有寫作題材

很多年前的一個早晨，我騎著摩托車經過市場，腦子想著尚未完成的備課內容，和孩子夜裡的哭啼問題，心情感到緊繃，突然，前方有個大叔吸引了我，他簡直像個活招牌啊！

大叔兩隻手掌攤平朝天，端著兩個盤子，頭上還放一個盤子，正扭腰擺臀又誇張地喊賣著……叫賣的內容有趣，雙手和頭上的盤子也搶眼，讓我到現在都還記得那一下子被逗樂了的心情。

我佩服那一個專業的賣盤子的老闆！為了工作說、學、逗、唱，就算沒賣出幾個盤子，還是展現熱情。

最近有一天，我再次發現讓我佩服的專業叫賣人士了。

那是固定在週四營業的魚攤，每到這天，魚攤總擠滿圍觀的人。叫賣的大姊只管喊賣，另有兩個夥伴負責裝袋，總讓人如看戲一般，看著、看著自然就會掏出錢包來……

有人說，到一個陌生的城鎮，想了解當地的生活，去逛逛市場就對了。確實如此，市場裡有形形色色的人，有用少少的銅板就能搬回家的寶物，所以啦，媽媽帶孩子自學作文，可以常帶孩子去逛逛媽媽熟悉的市場，不只能拉近親子間的距離，更能讓孩子獲得機會學觀察呢！

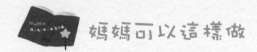

媽媽可以這樣做

 目 的　自然而然學人物觀察與描寫。

## 帶孩子逛市場前，媽媽心裡先有目標。

1 市場裡人山人海，媽媽帶孩子出發前，心裡先選定一個目標，目標最好是固定攤位的「人物」。

2 這個人物必須有特色，事先告訴孩子，我們要進行人物觀察和描寫的練習。

## 教孩子人物描寫必須掌握的重點。

### 寫人物的外貌要具體

①找出外貌特殊點，描寫要注意連貫，敘寫的順序可從上到下，也可以從臉到身材，不要一下子寫小眼睛，一下子寫短胖的腿，一下又寫到厚嘴唇！例如：

✗我的爸爸眼睛瞇瞇的，肚子大大的，腿短短的，嘴唇厚厚的。

○我的爸爸有一雙瞇瞇眼，哈哈大笑的時候，眼睛變成了兩條線，厚厚的雙唇變成大大的圓，加上圓滾滾的肚子，讓人覺得和氣又可愛。

②避免常用「眼睛小小、身材矮矮、鼻子大大的」來形容。請找出一、兩樣特徵具體描寫就好，不要寫大大、小小的形容，有多大？有多小？是讓人無法想像的！

例如：賣魚的老闆是一個女人，橢圓形的臉像一顆快被撐破的鴕鳥蛋，一雙大眼睛跟魚眼一樣凸，連她的肚子也是凸凸的，但是我不覺得她很胖，我覺得她很壯。

．發現了嗎？這段文字，從臉到身材，都在描寫老闆很飽滿、很壯的模樣。

## 寫人物的特色要生動

人物要生動可以從態度、精神去掌握。在描寫一個人時，可從以下著手，將他的精神化作文字：

①從穿著、髮型或動作去發現特別之處。可以運用比喻，讓讀者有明確的想像。

例如：她不像我認識的阿姨或阿婆，有溫柔的樣子。她穿黑色Ｔ恤和短褲，講話粗聲粗氣，動作粗暴、魯莽，唇邊的檳榔漬像口紅，讓我覺得她像一個搞笑的阿伯。

②寫出適當的動作和對話，表現人物的身分。

一個老師，不會將髒話掛在嘴邊，一個流氓，也不可能說話文謅謅的。

告訴孩子，一個人的語言或動作、習慣，和他的年齡、經歷及環境有關。注意觀察就會發現，什麼身分的人，大都講什麼樣的話、做什麼樣的動作。

例如：她的聲音粗粗的，講話很急又快，我仔細聽了以後發現，她叫賣的時候會重複說一些數字：「不要說一千、九百、八百，七百就好，要不要？」不然就是：「不要說五百、四百、三百，七隻兩百五就好，要不要？」問完以後，沒有人回答她，她就翻白眼，罵客人說：「這麼新鮮你們不會吃？阿傻耶！」她好像生氣了，但是她嘴邊有一點點笑，大家都站著讓她罵。很神奇，客人一停下來看她表演就捨不得走。我聽媽媽說，如果她問要不要的時候，你正好看著她，她也剛好看到你，你就會像被施魔法一樣舉起手，跟

她說好，然後她把魚貨往助手的袋子一倒，你的荷包就會失血了。

③從人物的特色、外貌延伸聯想。

從人物的外貌、打扮、動作，聯想他背後的故事，也可以讓他的形象更鮮明。

例如：她的嘴唇厚厚的，像兩片會動的香腸，一張開就露出紅紅的牙齒。我想她是不是每天都把檳榔當零食啊？

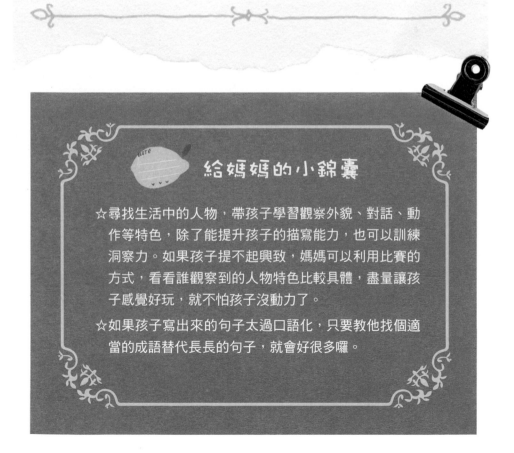

## 給媽媽的小錦囊

☆尋找生活中的人物，帶孩子學習觀察外貌、對話、動作等特色，除了能提升孩子的描寫能力，也可以訓練洞察力。如果孩子提不起興致，媽媽可以利用比賽的方式，看看誰觀察到的人物特色比較具體，盡量讓孩子感覺好玩，就不怕孩子沒動力了。

☆如果孩子寫出來的句子太過口語化，只要教他找個適當的成語替代長長的句子，就會好很多囉。

親子
互動時間

# 人物、成語連連看

相貌俊逸 ●

其貌不揚 ●

肥頭大耳 ●

虎背熊腰 ●

五短身材 ●

溫文儒雅 ●

高大挺拔 ●

氣宇軒昂 ●

PART 4

有行動，
閱讀加旅行，
養分飽滿好寫作

# 自學作文的必經之路：
養成孩子的閱讀習慣

當我忙家事時，兩個孩子一人一本書，就能打發時間。兩兄妹都是「愛書人」，當他們都還不會認字的時候，閱讀已經是他們最喜歡，也最常做的居家活動了。

當朋友感嘆自己太晚訓練孩子閱讀，我回想，我並沒有刻意訓練孩子閱讀啊！但我始終感受到文學的魅力，也喜愛故事帶來的想像世界，因而很愛買書、翻書，孩子也就在我的習慣和堅持中，愛上了閱讀。

每當我看孩子陶醉在書香裡，總覺得欣慰，這樣的習慣將讓媽媽省心。事實上，國語文可以輕鬆學，關鍵在於爸爸、媽媽是否把握了時機，為孩子埋下國語文的悅讀種子而已！

媽媽可以這樣做

**目的** 把握時機，讓孩子愛上閱讀。

## 為孩子和自己買書。

不需要花大錢買套書，只要買孩子每階段需要的書，讓他願意把玩，覺得喜歡，並且期待媽媽能陪他共讀的就好。

書本一本累積，然後就該買書櫃了，不管孩子多小，在家中為孩子設置一個讀書角落，是必要的。女人可以沒廚房，孩子該有間書房，家裡若有間藏書室，那就更好了。

所謂「腹有詩書氣自華」，書本是隱形的膠原蛋白，不要只喊著要孩子讀書，我們也要讓孩子看到，媽媽愛書的行動，就算是看雜誌也很好。

## 孩子沒有養成愛書習慣前，不要讓他接觸3C產品。

我願意用任何方法，延遲孩子接觸電腦、手機這些產品。曾經有長輩擔心，孩子不接觸卡通和平板，會讓孩子缺乏刺激，無法跟同儕交流，個性也會因此無法活潑。

不！當孩子見識3C產品的有趣，而不再探索書香時，會傷腦筋的只有媽媽而已啊！有一天，孩子清楚自己的學習需求，主動善用電腦、手機獲得生活便利和學習機會，媽媽當然樂見，但是當孩子的心智不夠成熟，容易沉迷虛擬遊戲時，接觸3C就是讓媽媽煩心的開始。

## 不要剝奪孩子學習和「無聊」共處的能力。

星哥的幼兒時期在家自學，當媽媽陪著小妹妹時，他自己畫畫；當媽媽忙煮菜時，他陪著兩歲的妹妹玩耍，一個袋子裝

滿玩具就可以玩買菜遊戲，一條跳繩拉得長長就變成一列火車，幾顆枕頭就變成了城堡，他自己發明遊戲，玩得不亦樂乎，從不覺得無聊，在別人看似單調的日子，他自會想著找趣味。

星妹四歲，當我忙著洗被單，準備大掃除的時候，星哥取下書櫃上的《三十六計》，將CD放進播放器，配合著書，專注地聽起故事，星妹也學樣，拿了本《成語故事》到另一臺播放器去聽故事和翻書。能有這樣的樂趣和主動，只因為我從來不怕他們無聊。

孩子的「無聊」時光很珍貴，什麼都不做也很好，不要擔心孩子會無聊，如果牛頓不是坐在蘋果樹下無聊，而是拿著平板打發時間，萬有引力也不會被發現了。

要孩子遨遊書海很簡單，父母必須把握時機讓孩子愛上閱讀。

## 給媽媽的小錦囊

　　如果，媽媽發現孩子確實不喜歡閱讀，怎麼辦呢？

☆不要焦慮。當媽媽焦慮時，孩子可能已經無辜挨罵了，這會讓孩子更排斥這件「苦差事」。

☆去購買或借閱他有興趣的書本。孩子喜歡的書，只要不是有害身心的讀物，請鼓勵、讚美孩子的行動。

☆關上家裡的電視機，也不要讓孩子發現你叫他讀書，自己卻成天滑手機！請坐到孩子身邊，不管孩子多大了，能夠親子共讀都是幸福的事。

☆就算孩子毫無興趣，也不要放棄。孩子不愛閱讀，媽媽只管認真看自己的書，孩子見了，也會好奇媽媽看到了什麼精采，有好奇之後，再慢慢引導孩子跟著自己發現閱讀的樂趣。

☆相信自己的用心不會白費。引導孩子接觸書本，只期待孩子發現閱讀的樂趣，並感受親子共讀的珍貴時光，不要給孩子過多的道理。然後還是同樣一句：有開始就會慢慢進步了。

# 讓孩子愛上圖書館，自學作文事半功倍

星哥五歲那年，我們在夏天前往臺東。

東部的陽光耀眼、土地遼闊。我們不跑景點拍照，只想悠閒地停、看、聽，適合孩子的景點是首選，所以，第一站即是「臺東兒童故事館」。日式風格的建築，據說曾經是菸酒公賣局的宿舍，臺東縣政府後來將宿舍改建成兒童故事館，目的是希望提升閱讀風氣。

在那裡，我們待了整個下午，星哥看了一本又一本的繪本，快樂地遊走書香世界，還是小文盲的他，每拿起一本書，都能入迷地看圖想故事。蟬聲在戶外唧唧，徜徉在一片書海中，遠離塵囂；故事館外面設有樹屋，巨大的榕樹可以看見根部驚人地盤節在地面上，孩子在樹屋上爬走，像來到最自然的城堡。我想，這是好優的臺東資源啊！

圖書館，是媽媽陪伴孩子自學作文的路上，只要願意就能發現的寶庫。如果，只有到了孩子要寫學校功課卻沒書可讀時，才到圖書館，那真是可惜，也真的太遲了啊！

要孩子愛上圖書館，在寶貝的幼兒時期，媽媽就可以開始帶他去挖寶囉！

**媽媽可以這樣做**

 **目 的** 讓孩子愛上圖書館。

## 依賴、珍惜圖書館的資源。

從0歲開始，定期帶孩子到圖書館去探索。不要只到住家附近的圖書館，也帶孩子搭捷運、坐公車到其他的圖書館去挖寶。

## 隨時偶遇親切的圖書館。

全家出遊的時候，隨時尋找附近的圖書館，所謂「他鄉遇故知」，即使路過的風景、人物，甚至口音都是陌生的，但只要踏入圖書館，每個小小愛書人都將有一種遇見好朋友，或回到家的親切感喔！

## 帶孩子發現有趣的圖書館。

除了充滿日式建築的「臺東兒童故事館」，臺灣368個鄉鎮市區，還有許多充滿特色的圖書館，只要上網搜尋一定可以找到目標，有目標就展現行動帶孩子去發現吧！

## 圖書館可以帶來什麼寶藏？要隨時保持這種探尋的精神。

媽媽把圖書館當成寶庫或旅遊景點一樣，孩子才會跟著愛上圖書館！耳濡目染，習慣就是喜歡，讓孩子愛上圖書館只看媽媽怎麼做。

**給媽媽的小錦囊**

　　媽媽期待孩子愛上閱讀，但自己是不是有喜歡的書或作家呢？我們是不是打從心裡肯定閱讀這件事？而不是為了升學、成績這些目的？

　　為了讓孩子成為一個愛思考、能思想的人，從今天起，和孩子一起愛上閱讀吧！就像詩人路寒袖先生說的：「每個作家的文字世界都像一座瑰麗的花園，是值得我們去探索的心靈寶地。」

　　那麼，圖書館不就像一座讓我們挖也挖不完的寶山了嗎？

# 別誤會，強調再強調：
# 會閱讀不代表能寫作

曾經有家長焦慮地問我：「老師啊，我的孩子明明看了很多書，為什麼作文還是寫不好？」

那當下，我總覺得誤會好大！閱讀和寫作有著密不可分的關聯，但是，孩子讀了很多書以後，就一定能夠成為作文高手嗎？

答案是否定的。我們也無須過度期待孩子的閱讀成果。

閱讀，讓人心情愉悅，讓人獲益良多，但，不是人人可以感受。好比吃東西，有些長輩習慣撐大孩子的胃，在餵食寶寶的時候一口接一口，認為這樣才能養成吃飯的效率，也絕對能養胖孩子。

吃得多，長得胖，不表示吃進了營養，也不代表身體健康。

健康的飲食習慣是細嚼慢嚥，在進食過程中，感受食物的美味，享受味蕾的驚喜，而結果是讓身體維持營養，讓心情感受愉快，對每一次進食感到期待。讀書是攝取我們的精神糧食，不該囫圇吞棗，應當重質，而非重量，引導孩子發現閱讀的樂趣，孩子才能在其中獲得養分。

記得星哥二年級的暑假，學校規定必須閱讀四十本書，每本書要寫五十字的心得。星哥喜歡閱讀，但那兩個月所看的書，卻像是為了應付老師而趕忙看的。為什麼會這樣呢？

當我們面對一件工作，感受是被迫的，怎麼能品嘗出驚喜、感動和深度？

因此，別再急著問：「我的孩子看了很多書，怎麼不會寫作文啊？」

古人說：「書中自有黃金屋。」打開一本書，孩子可能經歷旅行，可能發現心意相投的好友，也可能遇到可貴的師者。這些感動和收穫，將啟發閱讀者的思想。

有了思想，才有寫作的動力和能力。

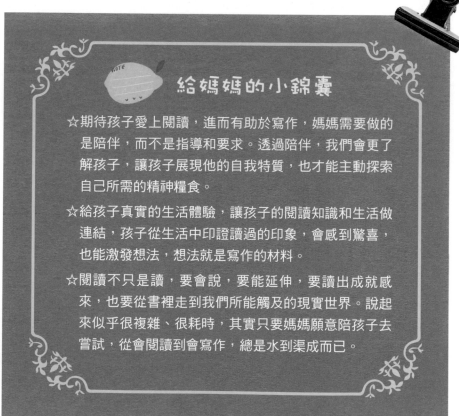

## 給媽媽的小錦囊

☆期待孩子愛上閱讀，進而有助於寫作，媽媽需要做的是陪伴，而不是指導和要求。透過陪伴，我們會更了解孩子，讓孩子展現他的自我特質，也才能主動探索自己所需的精神糧食。

☆給孩子真實的生活體驗，讓孩子的閱讀知識和生活做連結，孩子從生活中印證讀過的印象，會感到驚喜，也能激發想法，想法就是寫作的材料。

☆閱讀不只是讀，要會說，要能延伸，要讀出成就感來，也要從書裡走到我們所能觸及的現實世界。說起來似乎很複雜、很耗時，其實只要媽媽願意陪孩子去嘗試，從會閱讀到會寫作，總是水到渠成而已。

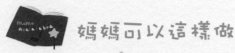

**目 的** 讓孩子愛閱讀也會寫作。

## 學齡前的孩子

媽媽和寶貝可以養成睡前的「閱讀儀式」，漸漸地，不識字的寶寶，也會自己看圖說故事喔！這是孩子愛上閱讀的開始。

## 低年級的孩子

請孩子朗讀故事，爸媽當觀眾，讓孩子感到成就感，他才會更樂意分享。當孩子的記憶體裡有足夠的詞彙檔案，才能發展語詞組織的能力，進而分享他個人的生活經驗，也就是利用文字將想法表現出來。所以說，想要孩子會寫，當然要孩子先會讀，有了吸收，才有內容可以發表。

## 中年級的孩子

針對孩子的興趣帶領孩子去選書，適當的陪讀，並從書裡的劇情、人物延伸，讓孩子學習多方面涉獵的閱讀態度。

我們常聽到「廣泛的閱讀」，並不是要孩子囫圇吞棗地讀一堆書，而是針對興趣擴展閱讀的範圍，一旦孩子可以針對興趣廣泛閱讀，也表示從「愛閱讀」跨越到「願意寫作」了，因為有足夠的能力，誰不樂意表現啊！而家長也將發現，孩子擁有自主學習的態度，在任何科目的學習上，都是收穫的保證。

## 高年級的孩子

除了閱讀，要讓孩子習慣寫作。讓孩子透過生活經驗，激發想寫的情感和思想，並帶領孩子開展「邊走邊讀」的經驗，讓孩子走向戶外動起來，發現更多可以寫出深度的歷史和地理內容。

# 讓閱讀和生活做連結～從愛孩子開始

　　那是星哥六歲的某一天，我牽著星哥走在路上……突然聽到孩子的哭聲，一個孩子哭著往我的方向跑來，後面的女人怒吼著一長串恐嚇孩子的話語。眼看孩子跑過馬路，路口的車緊急停下，我和車上的人傻眼看著孩子跑過馬路，罵孩子的女人還在馬路的那一頭咆哮，甚至故意停下來，好像要看孩子能跑多遠！

　　如果孩子的照顧者是出於愛而管教孩子，並且不傷害孩子的身心，任何人都該尊重他的教養方式。但那女人，已經罔顧孩子的安危了啊！我本能地伸出手，拉住正要從我身旁跑過的小小孩……

　　他大概只有三、四歲的年紀。當我拉住他，他沒有抗拒，只是虛弱地顫抖著身體！女人走過來，停在我面前，防備地看我。我只能安慰孩子：「小心喔，有車，不要跑了。」突然，那女人一手扯住孩子的手腕，嘴裡又是罵，狠狠地拉著孩子轉頭走開。

　　我怔在原地，看著孩子被拉著離開我的視線！

　　「媽媽，那個弟弟為什麼要跑？」星哥問。

　　「嗯……你覺得呢？」

　　「因為他被打了，他媽媽看起來好可怕！如果他不跑，可能會被打死。」

　　「如果是你，你會跑嗎？」

「要看是誰打我，如果是爸爸、媽媽我不會跑，其他的人，我就會跑。」

雖然我不打孩子，卻能體會愛之深、責之切的心情，也總是一再跟孩子保證，就算他們做錯了，爸媽生氣了，對他們的愛也不會改變。

管教孩子，光說愛是不夠的，但也不該以打罵的方式，來把孩子「教乖」吧！孩子被打後不再犯，是害怕大人發怒，並不是他知道對錯、會改過。

後來星哥說，他想到了一本書叫《逃家小兔》，小兔總是跟媽媽說他要離家出走了，而媽媽也總是回答他，不管他去到哪裡，媽媽都會跟著，最後小兔回到媽媽溫暖的懷抱。星哥說，他希望那個哭著跑走的小弟弟，也已經回到媽媽的懷抱裡了。

是啊，希望。擁有愛的幼兒，心智發展穩定，也才能正確地接收大人的指令，並且因為信任，所以能大方分享，不須用哭來吸引注意。

我們鼓勵孩子閱讀的目的，放長遠來看，也是讓孩子將書裡的內容連結到生活，讓孩子懂了思考，能夠體會。

## 媽媽可以這樣做

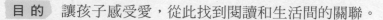

**目 的** 讓孩子感受愛，從此找到閱讀和生活間的關聯。

愛孩子，就從他出生開始，抱他到媽媽的膝上，輕擁著他，孩子回報給我們的微笑將是他未來的寫作養分。

愛和閱讀，能建構孩子的寫作思想。用行動讓孩子感受媽媽的陪伴和支持，漸漸地，孩子會產生內在的能量，也就是寫作能力的滋養。

愛孩子，在我們的能力範圍下，讓孩子徜徉書海裡，在一個又一個溫暖或冒險的故事裡，孩子彷如歷經了許多情境，那些情境將隨著現實的狀況在孩子的腦海浮現，孩子會因此更懂得愛，懂得應變生活的困境。

## 給媽媽的小錦囊

☆在教孩子學習作文之前，先用心地愛孩子，並陪孩子翻開一本又一本豐富生活的故事吧！

☆每個孩子都渴望被珍惜，希望遇見困難的時候有人解救他，大人或許沒辦法時時刻刻理解孩子，但是讓孩子感受到被愛，孩子就能長出力量來。

☆《逃家小兔》，文：瑪格莉特‧懷茲‧布朗／圖：克雷門‧赫德／譯者：黃迺毓／出版社：信誼出版社。

# 從繪本啟發孩子的閱讀視角

一隻絨毛兔子，被一個小男孩珍惜著。小男孩眼中的絨毛兔不是玩具，他為它蓋房子，不嫌棄它變髒了。絨毛兔好開心，它相信一個傳說：一個被真心愛過的玩具，會變成真正的動物。

但是有一天，男孩生了重病，大家都束手無策，絨毛兔也只能在床邊說著自己和男孩的美好回憶。

當男孩痊癒後，好開心要搬到海邊療養。絨毛兔以為自己也會跟著去，沒想到它等到的是女傭要將它燒毀的消息，這時候男孩只顧著想像未來的生活，似乎忘記絨毛兔了！（註）

故事說到這，我悄然轉頭，當時七歲的星哥露出不能接受的表情。孩子的想像力豐富，喜歡溫暖，也容易感動，他們會將情感投射在角色上，一邊聽故事，一邊覺得自己是故事中的絨毛兔或男孩。如果故事只說到這裡就結束，孩子的心會碎掉吧！

我翻開下一頁，繼續了絨毛兔的命運：

絨毛兔傷心地流下眼淚，是一顆真正的眼淚喔！這時候，精靈出現了，祂告訴絨毛兔，因為它是一個被真心愛過的玩具，所以將成為一隻真正的兔子。

有一天，男孩在森林裡看到一隻兔子，他想起那隻不知道怎麼不見的絨毛玩具，然後發現兔子和玩具好像好像呀！（註）

星哥鬆口氣笑了。他說，他好喜歡小精靈出現的那一段，但是小兔的主人為什麼不關心小兔了？

　　我說，男孩一時忘了小兔，當他想起來時，僕人給他的回答他也只能相信了，就像故事的一開始，男孩本來有一個喜歡的玩具，後來女僕拿了絨毛兔來替代，告訴他原來的玩具不見了，以後就是絨毛兔陪他了。

　　這樣的答案，或許能安慰孩子的小小心靈：小兔不是被遺棄，而是被遺忘，而主人是被欺瞞了，才沒找回心愛的小兔。

　　對年幼的孩子來說，這是一則能觸動他們的心，但文字又稍嫌多的故事，媽媽可以陪孩子畫出故事分解圖，掌握故事的重點，也開啟孩子的閱讀視角。

註：摘自繪本《天鵝絨兔子》，原著：瑪格利・威廉斯・比安可
　　繪者：酒井駒子／譯者：陳珊珊／出版社：上誼文化。

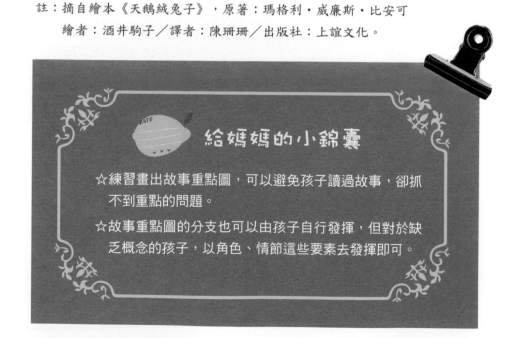

**給媽媽的小錦囊**

☆練習畫出故事重點圖，可以避免孩子讀過故事，卻抓不到重點的問題。

☆故事重點圖的分支也可以由孩子自行發揮，但對於缺乏概念的孩子，以角色、情節這些要素去發揮即可。

媽媽可以這樣做

**目 的** 讓孩子學習掌握故事重點,開啟孩子的閱讀視角。

1 以故事主題為起點。

2 從起點向右邊帶出主要角色。

3 從起點往下帶出故事發展,讓孩子回想情節發展:開始 →過程
→結果。

4 「開始、過程、結果」分別向右帶出箭頭,讓孩子畫出自己
的感覺或聯想。

星哥和星妹一起完成的
「故事重點圖」。左邊是
星哥根據腦海中的故事重
點,所畫下的情節發展;
右邊藍色箭頭延伸的是星
妹對每一個故事重點畫下
的感覺和聯想。

親子
互動時間　故事重點圖畫畫看

說明　親子共讀繪本，再一起完成。

角色

故事發展
開始

我覺得

然後

我覺得

最後

我覺得

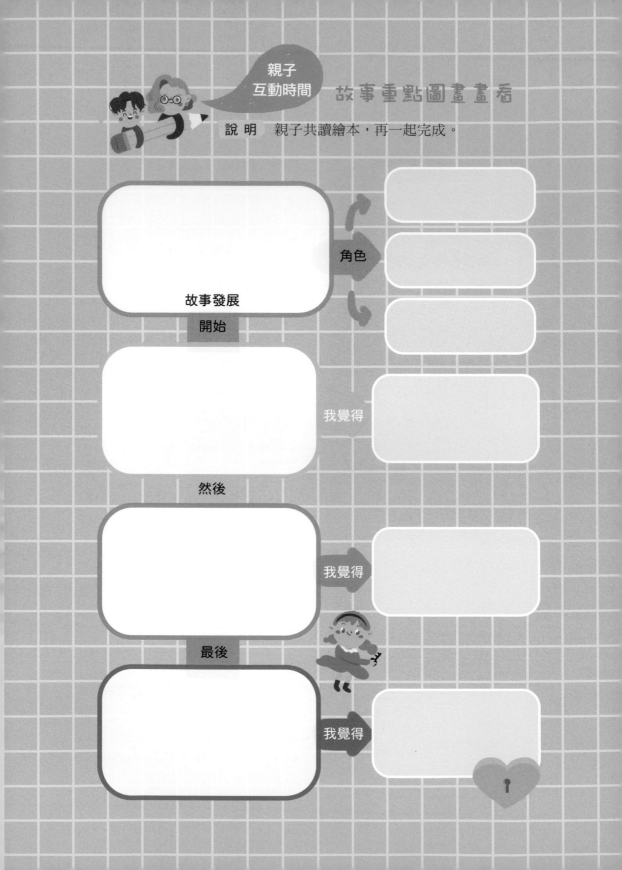

# 做好事前功課，旅行不再走馬看花

曾經，我在課堂上教孩子寫遊記，不時看到類似的句子：

- 我到鹿港逛老街，那裡人山人海，好熱鬧！我吃了蔥油餅、又喝了冬瓜茶；媽媽買很多名產……

- 我們去淡水吃阿給，夕陽很漂亮，有很多攤販，還有紅毛城，我最喜歡逛街……

- 我們到花蓮買麻糬，又到海邊玩，還有去海洋博物館，住在很漂亮的民宿，我都覺得很好玩，我希望下次還可以再去……

- 爸爸帶我們去逛故宮南院，我看到很多古代的東西，那裡很大，很特別……

這些遊記的方向並非錯誤，問題在於：

- 鹿港老街除了人潮，還有歷史古廟，孩子若只是走過、看過，對古蹟沒有任何認識和印象，那真可惜。

- 名產是怎麼樣的好吃，特別在哪裡？夕陽如何吸引人？若不寫出個人感受到的特別，吃小吃、看夕陽，又何必一定要跑到淡水呢？

- 孩子常在作文中寫到的「很好玩」，到底是如何好玩？如果

整篇文章都在趕時間、趕行程，卻看不到重點，也表現不出生動，那就是標準的流水帳。

● 博物館館藏很多，孩子進館之前，媽媽可以請孩子在館中找一樣他最喜歡或有興趣的展品，親子一同深入了解、發現，或者請教導覽人員，聽聽解說，千萬不要匆匆逛一圈，依然是個門外漢！

就算不出門旅行，我們也可以知道各地的名產和景點，遊記的靈魂是作者從行程中發現的感動和細膩描述。

旅行的足跡可以是細膩綿延的，但孩子往往錯過旅行的當下，那些感動、想法、發現，就在眼下晃過，結果只能在文章末寫下「我很高興」、「希望下次還可以去那裡玩」。

我們不該怪孩子：「都帶你出去玩了，你怎麼還寫不出一篇像樣的遊記啊！」而是應該告訴孩子──出門旅行不是走過、看過、笑過就算了，這些溫馨的時光會烙印在我們的心裡深處，如果不試著記錄和整理，每次的回憶都會隨時間模糊和交疊錯亂了。

因此，跟孩子一起把握每次的出遊時光吧！

## 媽媽可以這樣做

**1** 帶孩子旅行前，媽媽先針對景點做功課，有了解就不會走馬看花。

**2** 事先準備地圖，讓孩子知道我們將落腳或行經哪些地方。

**3** 出發前告訴孩子，我們要做的功課：選定一個必去的景點，讓孩子去發現特殊景觀和特別之處。

**4** 給孩子紙筆和時間，讓孩子隨時將感動寫下或畫下。在旅途中，孩子眼睛所看到的最能刺激他的想法，心中所獲得的觸動是動感的，若不拿筆馬上記錄下來，走過再回頭想，想法和發現只會糊成腦海的一團影像，縱使記得走過哪、看到啥，但呈現出來的文字總是少了生動。

**5** 幫孩子買一張當地的風景或特色明信片，讓他寄給未來的自己，或是將回到家的爸爸、媽媽。信裡的文字，將帶給未來感動。

**給媽媽的小錦囊**

☆讓孩子知道：放慢腳步，勤做觀察與記錄，就會有發現和感動。旅行不是為了趕行程，不是為了在人生歷史上增添一筆「到此一遊」，只為了追求心靈的放鬆和生活的感動。

☆出門不想走馬看花，媽媽對景點要有基本的認識，對當地的人文風情要有了解，才能自信地帶孩子探索與發現。

☆期待孩子在旅行中有發現，先教孩子如何觀察，從景觀的變化、居民的口音……等，去捕捉一路的精采。

☆旅遊過程中，如果來一點想像將更好，但想像需要媽媽的引導加上練習，可以多問孩子：你覺得像什麼？

☆旅行是愉快的，即便帶著任務出門，也要輕鬆地帶回發現，不要讓孩子感覺這些功課是沉重的，因此不要只要求孩子記錄和觀察，也要陪著孩子去發現。

## 親子互動時間 旅行功課

**說明** 旅行之前，請媽媽先陪孩子完成下面的功課。
（想一想，說一說）

目的地是哪裡？

它位於地圖上的哪個位置？

它著名的景點有哪些？

地理上的位置是否形成特殊的氣候，或帶來特有的文化資產？

你最想去哪個景點？

這個景點是哪一類屬，例如：自然景觀、歷史古蹟、遊樂園區、觀光工廠、博物館……

請媽媽上網蒐尋相關資訊，再告訴孩子，這個景點最大的特色或好玩之處。

請孩子說一說，這趟旅行，他最想收穫的三個目標。例如：到宜蘭，想到蘭陽博物館，見識特殊的建築外觀，想和龜山島拍照，想吃鴨賞。

準備出發 go!

# 遊記很簡單～感官摹寫是幫手

那天，星爸要北上開會。我和孩子一時興起，跟著搭乘大眾運輸去遊玩。

生活原本就是在平常中堆砌起風味的，這樣的風味雖平常，卻是回憶裡最深刻的一幕，也是孩子最難得的養分。

雖然我們所謂的遊玩只是：媽媽的手機沒電了，先讓孩子在轉運站吃便當，順便讓手機充電，孩子吃飽了，手機還餓著呢，於是孩子利用地上的磁磚玩起猜拳比賽的遊戲；第二站，到捷運雙連站的文昌公園溜滑梯和看鴿子；最後，到士林拜媽祖順便逛夜市……回程偶然發現藝人開的蛋糕店。

宜蘭到臺北的車程不到一小時，對經常出遠門旅行的孩子來說，這樣的出遊太平常了，但星妹說今天最開心，在轉運站吃便當特別難忘，星哥說，我們今天去了好多地方啊！就連等待媽媽手機充電的時候都是特別的回憶，而媽祖廟的歷史背景讓他又上了一課。

是啊，容易滿足，就能感受許多驚喜，有驚喜就不怕肚子裡沒文章，這已經是寶貴的學習了。當爸媽的我們，應該更看重自己所能給孩子的能量，也可以更堅定地相信，大手牽小手一起向前走，就能找到期待的方向。放慢腳步帶孩子出走，不一定要走多遠，只要孩子能發現，就不至於走馬看花。

旅行前的功課，沒有限定要多深入或多嚴肅，只要期待孩子「專注」。就像進入博物館，孩子只針對有興趣的一、兩樣館藏深入了解，收穫會清晰而具體，若是要求孩子什麼都看，收穫可能就雜亂了。

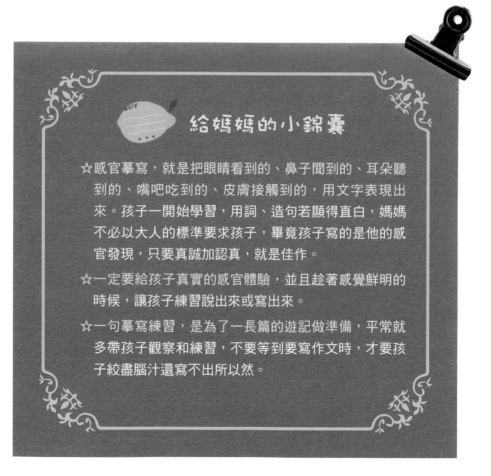

## 給媽媽的小錦囊

☆感官摹寫，就是把眼睛看到的、鼻子聞到的、耳朵聽到的、嘴吧吃到的、皮膚接觸到的，用文字表現出來。孩子一開始學習，用詞、造句若顯得直白，媽媽不必以大人的標準要求孩子，畢竟孩子寫的是他的感官發現，只要真誠加認真，就是佳作。

☆一定要給孩子真實的感官體驗，並且趁著感覺鮮明的時候，讓孩子練習說出來或寫出來。

☆一句摹寫練習，是為了一長篇的遊記做準備，平常就多帶孩子觀察和練習，不要等到要寫作文時，才要孩子絞盡腦汁還寫不出所以然。

## 媽媽可以這樣做

**摹視＋感覺或聯想**

　　鴿子在草地上，腳步輕盈像個小小孩，我一靠近，牠立刻拍動翅膀飛向天空，根本是捉弄我的小淘氣嘛！

**摹聲＋感覺或聯想**

　　媽媽的收機發出「噔噔噔！」的呼救聲，像在喊著：「我餓啦！」手機不吃飽，就無法顯示時間、沒辦法拍照，在緊急的時刻無法聯絡，所以聽手機喊「我餓啦！」，就讓人心慌慌啊！

**摹嗅＋感覺或聯想**

　　打開盒蓋，烤鰻魚那甜甜又香香的味道撲鼻而來，讓我突然變成一隻大老虎，想張口就把鰻魚飯當成美味的獵物吞下肚子裡。

**摹味＋感覺或聯想**

　　藝人賣的蛋糕特別可口嗎？那甜而不膩的綿密滋味被送進嘴裡，馬上化成幸福融在我的唇舌之間，滿足的不是我的五臟廟，而是我的心情呢！

**摹觸＋感覺或聯想**

　　夜市裡擠滿人潮，我的手臂和陌生人擦撞著，那種無法避免的碰觸，感覺很不自在，我只能更緊緊地牽著媽媽的手，穿梭在人來人往的攤販夾道間。

**說 明** 下面五個句子，是星哥戶外體驗時隨手記錄的，
他忘記寫在學習單上了，請幫他找到適當的位置，
再填上數字代號吧！

①大雷雨「嘩」地一聲落下，雨滴劈哩啪啦打在地上，像一群孩子的惡作劇。
②唇邊的鹹鹹滋味，分不清是雨還是汗，總之讓我感到狼狽！
③衣服濕黏地貼在皮膚上，實在不舒服啊！
④大家匆忙躲進涼亭裡，小小的亭子，好像遊客的避難所。
⑤空氣中有一股泥土混著青草的自然氣息，這味道讓我感到精神了！

摹視＋感覺或聯想

摹觸＋感覺或聯想

感官摹寫

摹聲＋感覺或聯想

摹味＋感覺或聯想

摹嗅＋感覺或聯想

# 給孩子視野，帶孩子親近我們的土地

　　星哥小學一年級那年，因緣際會，對媽祖文化產生了興趣，於是，我們一家人在那年春天，第一次體驗了五天四夜的「白沙屯媽祖徒步進香活動」。

　　從苗栗出發，行經臺中、彰化到雲林的徒步之旅，我期待孩子親近自己生長的土地、見識文化的力量、也感受人情的溫暖。孩子也確實感到收穫了。

　　升上二年級後，星哥愛上歷史故事，在故事裡認識吳沙、鄭成功、施琅……也對地理有更深刻的概念，到了紅毛城，他跟爸爸聊起荷蘭人統治臺灣的過往，到臺南旅行，他驚喜地發現鄭成功開臺的足跡，到鹿港天后宮發現施琅的畫像，他主動求知，知道施琅來臺過程受到媽祖的庇護，這就是我們現在所見的古蹟來歷……

　　歷史不只侷限在過去某個朝代，歷史也不是課本上的知識，帶孩子走在二十一世紀的福爾摩沙，我們竟能穿越古今，看見前人對這塊土地的執著，也深刻感受自己對土地的情深。

　　其實任何學科都有些許的關聯性，有共通的學習密碼。學作文，不該呆板坐在教室聽老師講解題型或修辭技巧，而是走出教室，相信萬物靜觀皆自得，發現大自然就是老師，明白數學、歷史都可以和作文產生關聯，但一切必須是孩子由衷的發現。

　　帶孩子踏出家門，旅行去。不管是半日遊、輕旅行，還是長途之旅，耐心聽孩子說，放慢腳步帶孩子觀看，拿出手機隨時搜尋，查地

名、查植物名、查古蹟歷史……邊走邊查，走過、看過，孩子一定有印象，不求多、不貪快，並且，放下先入為主的觀念，宗教活動不一定有陣頭，不是爺爺、奶奶的專利；自然探索包羅萬象，喜愛恐龍書的孩子可以發現的不只是恐龍圖片。尊重孩子窺探興趣的過程，給孩子機會打開視野，寫作文才能展現深度和獨到的見解！

小提醒

請媽媽帶孩子走到戶外去，打開感官接收訊息，再用文字把這些訊息記錄下來。

　　星哥小一那年陷入「瘋媽祖」的狀況，每天一有時間就畫媽祖的畫像，到每一間媽祖廟一定要請教工作人員關於那間廟的歷史，更是執著地把圖書館所有關於媽祖的書籍都搬回家去翻了又翻。很多人以為他是受是父母的牽引，其實，反而是我們跟著他不得不去了解媽祖文化的一切……但隨著時間過去，這位虔誠的媽祖粉絲，將他的喜好延伸到臺灣歷史、世界偉人傳記，不再瘋狂地追著廟公發問，但若有任何關於全臺媽祖廟的疑問，我們找他就能解答。偶爾他也畫媽祖，相較於兩年前的可愛媽祖畫，現在他筆下的媽祖也成熟了。

我想，陪孩子走過一些追求的過程，父母不免也會困惑，這樣真的可以嗎？但孩子總會用時間告訴我們，那些爸媽尊重他、陪他們走過的探索歷程，終會化成孩子心中的珍貴養分，和父母腦海中的寶貴回憶。

## 媽媽可以這樣做

☆ **教孩子正向、積極的生活態度，**用心觀察生活中的一草一木，自然萬物都會是寫作的能量和內容。

☆ **學好基本學科，**等於為作文打基礎，否則數學不好，邏輯自然差，文意也就顛三倒四；自然概念差，把「西瓜樹」、「香蕉田」寫進文章裡，文筆再好都會成敗筆。

☆ **透過行動，**思緒才能活絡起來，利用「一邊旅行，一邊學習」的方式，讓孩子走在土地上了解歷史，在地理文化和歷史情結的交錯中，發現個人的生命感知。

☆ **很多想法是在路上激盪出來的，**大人隨手做筆記，小孩也會隨手跟著塗鴉，珍惜每個靈感，必須教孩子捕捉靈感浮現的瞬間。

☆ **尊重孩子的喜好，**勿以刻板印象反對孩子的嚮往。別擔心孩子過度喜歡哪個人物或信仰，甚至沉迷哪項必須主動探索的興趣，只要父母持續陪伴和引導，孩子經歷的生活就是他寫作的養分。

# 給媽媽的小錦囊

☆孩子的所有進步都是點滴累積的，沒有生下來就能吃苦耐勞的孩子，沒有生來就穩定、好溝通的孩子，父母的陪伴，孩子一定能感受在心。有機會陪孩子一起踏上旅途，我們都應該珍惜。

☆不要催促，不要批判，旅行的路上，親子會共度許多難題，也共有許多發現，永遠不要否定孩子的動力，只告訴孩子怎麼做會更好。

☆走過的路怎麼留下印象？陪孩子整理吧，從此，孩子的地理見識、文字條理都會日漸成長，小小的動作，大大的收穫。

☆每個孩子都有適合他的旅行模式，例如星哥喜歡鄉間徒步之旅，星妹喜愛都會逛街之行，先觀察孩子適合的方式，再帶孩子親近我們的土地。透過土地和風景，孩子將更了解自己，也認識自己和他人的關係。

親子
互動時間

## 看見臺灣的好玩

**說明** 請小朋友任選地圖上的一個景點出發，說說看你去過這些景點嗎？知道每一個景點位於哪個縣市嗎？（往上或下進入另一景點進行環島旅行）

看夜景

吸收芬多精

拉拉山

101大樓

有趣又好玩

六福村

是小朋友的最愛

飛牛牧場
大湖草莓

冬山河

好精采

童玩節好新奇

自然科學博物館

老街吃、喝、玩

鹿港

海洋公園

日月潭

讓人大開眼界

拜媽祖

朝天宮

看日出要早起喔!

阿里山

阿公阿嬤的
蜜月景點
風景美

安平古堡
赤崁樓

愛河

跟古蹟拍照

鹿野高台

看熱氣球好刺激

坐船去

墾丁

玩水樂

Go !!!

# 引用孩子知道的故事，追求文章的深度

有一天，星哥問我：「媽媽，拿破崙說的那句話是——『我的字典裡沒有難字』嗎？」

「是啊。」我說。

「不是耶！你看，這本書上寫的是，拿破崙說：『我的世界裡沒有不可能。』」

「差不多啊。」

「不一樣，兩句話我都看過，不知道哪句才真的是拿破崙說的？」星哥說。

「因為外文翻譯成中文的結果，在中文字面上可能有一點點不同，但意思是類似的。這兩句話是一樣的意思，都表示拿破崙很有自信，他認為任何困難都難不倒他。」我解釋。

但星哥不死心，要爸爸幫他上網查清楚，到底哪句話是公認的拿破崙說的名言。

雖然我認為，孩子無須在類似的文句上鑽牛角尖，但我樂見孩子對他獲得的知識，有所記憶和查證。漸漸地，我發現除了拿破崙的名言，星哥也認識到林肯解救黑奴的故事，而鄭成功其實不叫成功，叫鄭森，是他趕走了統治臺灣的荷蘭人……

那些故事不費吹灰之力就成為他腦海裡的檔案，我甚至知道，這些檔案不會輕易被消除，也將增添他文章的精采和說服力。而這樣的結果，只是在對的時間，做了對的事而已。

**媽媽可以這樣做**

 引經據典，早早儲存有效檔案。

☆希望孩子對經典或傳記有興趣，要先養成基本的閱讀習慣。
媽媽從小陪讀不能少，每天五分鐘都好。

☆小學三年級開始，鼓勵孩子接觸名人傳記。從繪本到橋梁書銜接順利的孩子，甚至可以提前到小二開始閱讀歷史相關故事。

☆歷史或名人故事的認識，先不管年代和國家，以人物的特色和事件為主，以孩子有興趣的故事或人物去選讀。

☆音檔是很有效的學習工具，利用坐車的時間，或媽媽忙碌的時候，按下PLAY鍵，讓生動、有趣的故事陪伴孩子。慢慢聽進去的歷史故事，將是很有用的作文事例。

☆孩子進入歷史世界，先從聽，再到看。除了聽音檔，媽媽也可以帶孩子認識古蹟，例如紅毛城、臺南都是充滿歷史影像的地方。

# 給媽媽的小錦囊

☆透過聽故事、玩故事的方式，就能讓孩子認識名人和歷史。強記、死背名言是辛苦的，連媽媽自己也不想經歷的苦差事，就饒過孩子吧！告訴孩子，如果記不住名言，用自己的意思寫出知道的名人故事，也是很棒的。

☆如果孩子對聽故事沒興趣，那得先回頭審視，是從小的閱讀習慣沒養成？還是生活上的誘惑太多？把手機、玩具這些讓孩子分心的物品隔離，孩子才能專心聽有趣的故事。

☆深度不是一朝一夕換來的，期待孩子將來的文句有深度，就得陪著孩子吸收故事，在對的時間開始，媽媽和孩子都將事半功倍。

親子
互動時間

## 名言配對轉轉彎

**說明** 請小朋友猜猜這五句名言，各是哪一個名人說的，再從名言下面的線出發，每遇到橫線就轉彎，最後就能找到標準答案囉！

天才是一分的天分，再加上九十九分的努力。

我的字典裡，找不到一個「難」字。

讀書有三到：心到、眼到、口到。

三人行必有我師。

要怎麼收穫，先怎麼栽。

拿破崙

孔子

愛迪生

胡適

朱熹

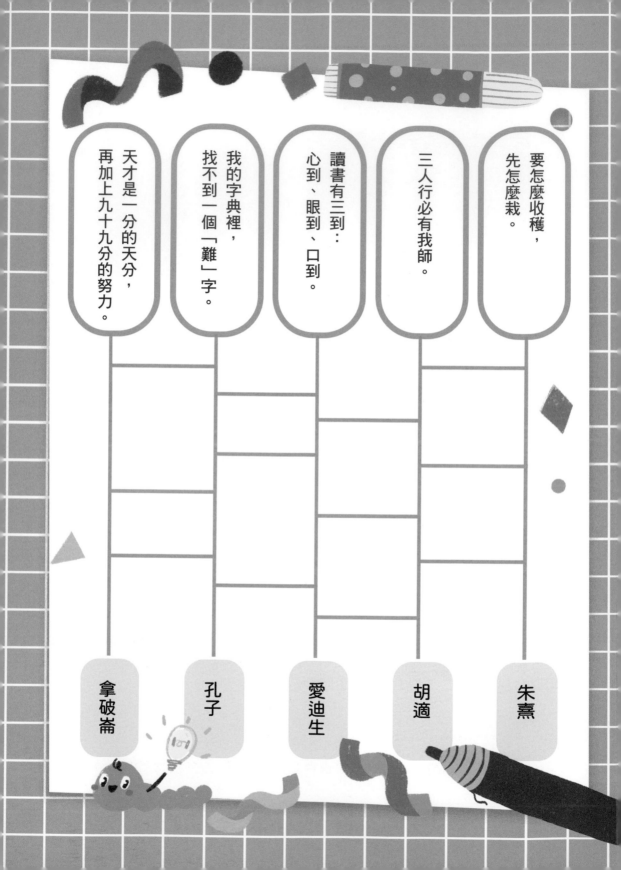

## 媽媽有自信，孩子作文好

　　我是個喜歡和學生分享糗事的老師。曾經有一次，和孩子說到自己年輕時的故事：

　　「那天，我穿著一身白色洋裝，覺得自己很優雅地趕赴約會，就在我匆忙跳上公車後，啊！竟然發現沒位置，所以我擺了一個像仙女下凡的POSE，等著收集大家的眼光……」

　　「老師，仙女下凡的POSE要怎麼擺？」「對啊！是從車頂上飛下來嗎？」「然後把公車的車頂撞出一個大洞！哈哈哈……」學生七嘴八舌地接著說，讓我忍不住翻白眼，我的笑話還沒開始，他們已經笑翻了。這就是孩子，無厘頭最對他們的胃口。

　　我跟他們坦白說：「老師年輕的時候長得一副營養不良的樣子，喜歡穿一身輕飄飄的白衣紗裙，自以為脫俗、浪漫，每天像仙女一樣飄來飄去……」

　　「應該是像女鬼一樣晃來晃去啦！」孩子叫說。

　　「現在想起來，哈哈，真的，不像仙女像女鬼。」我不顧形象的咧嘴，當年那成天風花雪月的少女，已是每日柴米油鹽的大嬸了。

　　「老師，那天你擺了女鬼笑死人的POSE，然後咧？」寫作文像隻懶蟲，聊起天像條飛龍的調皮學生，閃著慧黠的眼問。

　　我聳聳肩說：「就兩位比我還小的女生嘛，他們突然笑得很詭

異，還拉拉我的衣服，要我把耳朵靠過去⋯⋯」

「說什麼？」學生問。

「欸！小姐，你後面的拉鍊沒拉！要不要我們幫你？」我說。

孩子笑得驚天動地，接著搶著說：

「老師，你是不是很想找洞鑽進去？」「想趕快衝下車吧？」「很丟臉耶！」

我說：「就覺得腦袋轟一聲，整個臉燒了起來，然後⋯⋯小聲跟那兩個女生說：『好吧，麻煩幫我拉一下嘿！』」

孩子聽了又哈哈大笑，我說出個人的結論：

「因為天生就迷糊，所以糗事一籮筐，但是在丟臉的經驗裡，我慢慢學會平常心，然後鎮定面對別人的嘲笑。」

孩子聽了發笑、點頭，他們也都有丟臉的經驗，不需要我點名，人人搶著分享經驗。

孩子的心是開放的，師長看待孩子學作文這件事，也應該敞開胸懷。孩子沒有立志要當大作家，所以，在孩子學習寫作的過程中，我們最需要期待的是——他願意和我們分享，可以流暢地表達出看法，能夠清楚地陳述事件經過，而這些分享、看法和經驗，是屬於他個人的作文材料，能寫進文章裡。那麼，媽媽陪孩子自學作文的目的就達成了。

聽起來似乎不容易，但其實，媽媽需要做的也只是陪伴和分享，讓孩子願意保持開放的心。願意跟大家分享看法和心得，才有

機會進步到另外一階段——寫得通順。請不要一開始就叫孩子學技巧，那只會讓孩子失去真誠和難得的個人風格。

風格建立在自信，當我們期待孩子展現個人風格，媽媽也得先擁有自信。

我是一個迷糊的老師，也是個貪吃又貪玩的媽媽，有一天，我心血來潮地跳上滿是灰塵的體重機，忍不住叫：「我們家的體重機壞啦！」

孩子聽到，接連跳上體重機，星哥說：「我三十一公斤。」

妹妹十九公斤。

「咦？那我怎麼會多出五公斤？」我真想不通。

「媽媽，你不是說生下我以後就多了五公斤，減不回去了嗎？」星哥說。

「是啊！」

「然後生妹妹又多了三公斤，也減不回去，所以生我們兩個你就多八公斤，現在又多五公斤的話……你一共多了十三公斤耶！」

我擺擺手，逃避地說：「這個體重計壞了，別管你媽的體重了，那根本不準。走，我們去吃蛋糕。」

孩子開心地叫好。但隔天，星哥放學時，一坐上車就報告：

「媽，我們家的體重計沒壞啦，我今天在學校量體重是三十一公斤沒錯啊！」

我倒抽一口氣，哎呀一聲，懊惱地想：不知不覺多了五公斤，上次量體重是多久以前啊？每次美食當前，總自豪自己是吃不胖的體質，直到體重計揭開殘酷現實……

　　回家認真看這一年來的照片，才發現腫了，腫了不少啊！

　　於是從那天開始，我經常碎念：「我要減肥！我要減肥……」

　　孩子開心地陪媽媽在床上做抬腳運動，偶爾發現媽媽大快朵頤，他們還扮演糾察隊，提醒媽媽要說到做到……

　　就這樣，三個月過去了，體重計上的數字頑固而不妥協，果真像人家說的喝水也會胖，呼吸也會肥！即便如此，我還是充滿信心地和孩子分享新年新希望：

　　期待穿上喜歡的衣服，看起來不再像一隻愛漂亮的大熊。

　　生活在碎唸、忙亂、平常中流逝，當我為孩子說自己的故事或分享希望時，總盡可能地表現出我的「內心戲」，希望聽在孩子耳朵裡，能轉化成腦海的畫面，畫面能夠流動成句子，甚至一個段落。

　　我是一個鮮明的人，有一天，孩子必須將我化成格子上的文字，若是充滿稚嫩、呆板的形容，甚至寫不出我的精采生活來，恐怕是我沒有將自己的內心戲呈現在他們眼前，讓他們感受到「媽媽就是一個精采的人」吧？

　　於是，當一個陪孩子自學作文的媽媽，我將更自信地表現自己的不完美，讓這些不完美變成真實的畫面，就像有趣的戲劇一般，豐富孩子的生活，也活化他筆下的「我的媽媽」。

星妹筆下的「我的媽媽」。

給媽媽的小錦囊

☆作文納入升學考試的科目，目的並非要孩子創作出一個
　分數，而這個分數將讓他深感得意或自我否定！考作
　文，是希望孩子透過書寫練習，能夠以文字表達他的觀
　點和思想，在學習過程中，他將必須經由閱讀，沉澱出
　個人的思想，也必須透過觀察和思考，表現出他的獨特
　的生命風情。因此，請不要太在意稿紙上的分數！

☆媽媽開心地做自己，孩子就能在過程中和媽媽共創故
　事，感受親子獨一無二的溫暖時光，這是滋養寫作能力
　的最真實教材。所以，請媽媽保持自信，愉悅地陪孩子
　自學作文吧！

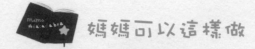
# 媽媽可以這樣做

**目 的**　用媽媽的行動，發掘孩子的潛能。

☆想減肥、想帶孩子擠破頭搶優惠、想參加鐵人三項賽，只要不傷天害理、不拋家棄子，媽媽都該展現積極行動做自己想做的事。看在孩子眼裡，將會內化成他心裡的能量，也會對生活展現同樣的熱情。有正向行動的孩子，將有正向的思考能力，有思考能力的孩子，作文自然難不倒他。

☆陪伴孩子自學作文時，當然要融入自己的興趣和專長。喜歡電影的媽媽，可以帶孩子看電影，一起討論心得；對園藝有興趣的媽媽，可以帶孩子體驗當綠手指的驚喜發現。參與媽媽熟悉的事件，對孩子而言是樂趣，也是他寫作內容的來源。

☆媽媽經常碎念自己的心願，引發孩子的關心。一個愛孩子的媽媽，更要經常關照自己的內心，把想法和願望說出來，讓孩子看見媽媽的真實面，不但拉近親子的距離，也讓孩子透過媽媽的形象，開展自己的內心戲。心裡有戲的孩子，寫出來的作文也少不了精采畫面。

親子
互動時間

## 我的媽媽是獨特的

說明 請孩子想一想，寫下來。除了勾選答案，
也可以說說發生過的故事喔！

問題 1 媽媽最常說的一句話是什麼？
- ☐ 快點！快點！
- ☐ 好吧！
- ☐ 媽媽常說：＿＿＿＿＿＿＿＿＿＿＿＿＿＿＿＿

問題 2 媽媽最討厭做什麼事？
- ☐ 做家事
- ☐ 檢查我的功課
- ☐ 媽媽最討厭的事是：＿＿＿＿＿＿＿＿＿＿＿

問題 3 媽媽的興趣是什麼？
- ☐ 爬山
- ☐ 旅行
- ☐ 媽媽的興趣是：＿＿＿＿＿＿＿＿＿＿＿＿＿

說說看，媽媽像一種什麼動物？為什麼？

＿＿＿＿＿＿＿＿＿＿＿＿＿＿＿＿
＿＿＿＿＿＿＿＿＿＿＿＿＿＿＿＿
＿＿＿＿＿＿＿＿＿＿＿＿＿＿＿＿
＿＿＿＿＿＿＿＿＿＿＿＿＿＿＿＿
＿＿＿＿＿＿＿＿＿＿＿＿＿＿＿＿
＿＿＿＿＿＿＿＿＿＿＿＿＿＿＿＿

Mama
Adacadabra

國家圖書館出版品預行編目（CIP）資料

媽媽是最好的作文老師：陪孩子自學作文,滋養
孩子的寫作能力/曾玟蕙作. - 初版. - 新北市：
漢欣文化事業有限公司, 2020.12
192 面；23X17 公分. -（教養與學習；1）

ISBN 978-957-686-802-3(平裝)

1.漢語教學 2.作文 3.小學教學

523.313　　　　　　　109017874

教養與學習 1

# 媽媽是最好的作文老師

## 陪孩子自學作文，滋養孩子的寫作能力

作　　　者／曾玟蕙

繪　　　者／Niksharon

總　編　輯／徐昱

封 面 設 計／陳麗娜

執 行 美 編／陳麗娜

出　版　者／漢欣文化事業有限公司

地　　　址／新北市板橋區板新路206號3樓

電　　　話／02-8953-9611

傳　　　真／02-8952-4084

郵 撥 帳 號／05837599 漢欣文化事業有限公司

電 子 郵 件／hsbookse@gmail.com

初 版 一 刷／2020年12月